NOVENTA DIAS

A marca FSC® é a garantia de que a madeira utilizada na fabricação do papel deste livro provém de florestas que foram gerenciadas de maneira ambientalmente correta, socialmente justa e economicamente viável, além de outras fontes de origem controlada.

BILL CLEGG

Noventa dias
Diário de uma recuperação

Tradução
Pedro Maia Soares

Copyright © 2012 by Bill Clegg
Direitos mundiais reservados a Bill Clegg

Grafia atualizada segundo o Acordo Ortográfico da Língua Portuguesa de 1990, que entrou em vigor no Brasil em 2009.

Este livro é uma obra de não ficção. Alguns nomes e descrições foram alterados.

Título original
Ninety Days: A Memoir of Recovery

Capa
Elisa von Randow

Preparação
Ciça Caropreso

Revisão
Luciana Baraldi
Valquíria Della Pozza

Dados Internacionais de Catalogação na Publicação (CIP)
(Câmara Brasileira do Livro, SP, Brasil)

Clegg, Bill
   Noventa dias: Diário de uma recuperação / Bill Clegg ; tradução Pedro Maia Soares. — 1ª ed. — São Paulo : Companhia das Letras, 2013.

   Título original: Ninety Days: A Memoir of Recovery.
   ISBN 978-85-359-2345-2

   1. Agentes literários – Estados Unidos – Biografia 2. Clegg, Bill 3. Toxicômanos – Estados Unidos – Biografia I. Título.

13-10076   CDD-362.29092

Índice para catálogo sistemático:
1. Estados Unidos : Toxicômanos : Biografia
       362.29092

[2013]
Todos os direitos desta edição reservados à
EDITORA SCHWARCZ S.A.
Rua Bandeira Paulista, 702, cj. 32
04532-002 — São Paulo — SP
Telefone: (11) 3707-3500
Fax: (11) 3707-3501
www.companhiadasletras.com.br
www.blogdacompanhia.com.br

*Para Polly, Annie, Jack e Asa,
e para todos que contam os dias*

Enquanto a neve cobre os lugares
em que deves ter caminhado,
voltas para onde começaste,
o lugar que te preparas para de novo deixar,
sozinho e aquecido, de novo intacto, recomeçando.
Daniel Halpern, "O campo branco"

Esquece de ti mesmo.
Henry Miller

Sumário

Pegue a minha emprestada, 11
Meu lar, 27
Um grãozinho na paisagem urbana, 32
Reentrada, 39
Um dia, 48
As salas, 56
Tesouro de mãe, 68
Útil, 96
Casos perdidos, 103
Deu pra mim, 113
Nuvem cor-de-rosa, 124
Ombro a ombro, 131
Perto, 141

Agradecimentos, 151

Pegue a minha emprestada

Parece Oz. É isso que eu penso quando Manhattan entra no meu campo de visão pelo para-brisa do jipe de Dave. As torres aglomeradas cutucam o céu com seus metais e vidros, e na névoa do meio-dia elas parecem distantes, míticas, mais ideia do que lugar. Rodamos no tráfego compacto que se move rapidamente e em uníssono. Há um mês, eu não havia notado a cidade ficando para trás enquanto íamos do hospital Lenox Hill para o centro de reabilitação em White Plains. Não falamos muito naquele dia, nem estamos falando muito agora.

Dave pôs para tocar uma música que não reconheço. Uma garota de voz poluída grita com tanta seriedade quanto ironia, acompanhada por um violão. Ele me diz o nome dela, que parece mais o de uma loja de departamentos do que o de uma pessoa. Ele a compara a outra cantora que não conheço, e sinto como se tivesse perdido a fluência em uma língua que antes era minha segunda natureza. Entre Lenox Hill e o centro de reabilitação, estive em tratamento por seis semanas, mas parecem anos, e imagino que durante esse tempo novas bandas vieram e se foram, filmes capturaram a atenção das massas e foram esquecidos, livros provocaram controvérsia ou indiferença, e o ruído de tudo isso desapareceu para dar lugar a novas investidas na loteria cultural. Dave me fala de uma peça que ele e Susie acabaram de ver e sinto-me encolher no banco, ficando do tamanho de um garoto. Mais à frente, Oz se projeta mais alta acima do horizonte.

É início de abril, uma segunda-feira. Estamos indo para o estúdio de trabalho de Dave, na Charles Street, no West Village. Ele me ofereceu o lugar por algumas semanas, enquanto procuro um apartamento para morar. Venho de quatro semanas em um pequeno centro de reabilitação para dependentes de álcool e drogas localizado em um antigo hospício. Dave me levou para lá depois que fui liberado da ala psiquiátrica do Lenox Hill, onde acabei indo parar depois de uma farra de dois meses que terminou em um punhado de pílulas para dormir, uma garrafa de vodca, um cachimbo de crack a ponto de estourar e uma ambulância. A pequena agência literária da qual fui coproprietário e que dirigi por quatro anos acabou, todos os meus clientes encontraram novos agentes, nossos empregados se espalharam por novos empregos ou deixaram Nova York, e todo o dinheiro que eu já tive na vida foi para o ralo, deixando em seu lugar uma dívida crescente de contas de hospital, reabilitação e advogados. O relacionamento de oito anos com meu namorado, Noah, acabou, e o apartamento na Quinta Avenida que sua avó lhe comprou e onde vivemos por seis anos não é mais o meu lar. Posso dormir no escritório de Dave, mas preciso ficar fora de lá entre dez da manhã e cinco da tarde, para que ele possa trabalhar.

A canção muda — a garota fala mais do que canta, o violão agora é um violoncelo — e eu me pergunto o que vou fazer o dia todo, como preencherei as horas, aonde irei.

Tem certeza de que quer fazer isso? Dave pergunta cautelosamente. *Tem certeza de que deveria voltar para cá?* Ele baixa o volume da música e mantém os olhos na estrada enquanto expressa minhas próprias dúvidas. Não tenho certeza de nada. Tenho trinta e quatro anos. Desempregado. Impossibilitado de arranjar emprego na área em que trabalhei por doze anos. Tenho uma montanha de papéis horríveis esperando por mim: o acordo com Kate, minha ex-sócia, para dissolvermos a agência; contas de meus advogados; contas do hospital e formulários de seguro; e-mails e cartas — de ira, de amor, e toda a gama de sentimentos entre esses dois — de amigos, ex-colegas e familiares. O saldo da conta da reabilitação é de pelo menos 40 mil dólares, provavelmente muito mais. Minha irmã Kim, que mora no Maine, além de levar e buscar seus meninos gêmeos na escola, nos passeios e nos treinos de beisebol, assumiu as contas, a contabilidade, o advogado, e nosso plano é examinar tudo a fundo, até a última dificuldade, depois que eu estiver instalado no estúdio de Dave.

Combinei de encontrar meu padrinho, Jack, numa reunião noturna no West Village — *reunião de iniciante* é como ele a descreve. Conheci Jack em meu terceiro ou quarto dia de hospital. Depois de um início duro, marcado pela vergonha, em que eu me recusava a ver ou falar com quem quer que fosse, finalmente concordei em encontrá-lo — amigo de um amigo, da minha idade, cabelos encaracolados, jovial, gay —, e ele se ofereceu para ser meu padrinho, uma espécie de treinador/ grande irmão/ guia, numa irmandade para pessoas com alcoolismo e dependência de drogas. Fiquei sabendo depois, na clínica de reabilitação, que existem muitas irmandades — algumas gratuitas, outras não, a maioria com reuniões organizadas — aonde as pessoas vão em busca de ajuda para se livrar de vícios como o meu. Decidi entrar naquela de que Jack faz parte.

Dave estaciona na frente de um edifício de apartamentos antigo, coberto de hera, na Charles Street, entre a Bleecker e a rua 4 Oeste. Saio do carro e espero na calçada enquanto ele faz um telefonema sentado no banco da frente. Tudo está tranquilo. O ar é úmido e as ruas estão salpicadas pela luz da tarde. Um casal jovem, com maçãs do rosto salientes, passa falando o que parece ser russo em seus celulares. Um carro de bombeiros geme. Um jovem com um cão dinamarquês enorme na guia inclina-se com um saco de plástico na mão para recolher um monte de cocô do elegante animal. *Nova York*, penso. *De volta a Nova York*. Vejo um homem de meia-idade andando sozinho com um fone de ouvido conectado a um fio que desaparece em seu blusão bege. Ele me olha por um tempo longo demais e um pouco sério demais, e um velho pânico familiar lampeja em meu peito. Dave dá a volta no jipe, pega duas sacolas na traseira do carro e rosna: *Vamos, tenho que encontrar Susie.* Apresso-me a ajudá-lo e, quando me viro para olhar para o homem do blusão, ele desapareceu.

Sigo Dave por três lances de uma escada que range demais enquanto ele me conta que a velha do segundo andar, logo abaixo de seu estúdio, é muito sensível, extremamente mal-humorada e o chamará a qualquer hora do dia ou da noite se achar que alguma coisa está errada. Eu me pergunto se essa é a maneira de ele desencorajar qualquer negócio estranho. Uma pequena barricada contra o que ele e todo mundo que faz parte da minha vida teme que vá acontecer agora que voltei para Nova York: uma recaída.

O apartamento é um estúdio bem iluminado, com lareira, pé-direito alto e um pequeno lustre de cristal pendente. Parece o escritório de uma casa velha muito maior e agradável. Os livros de Dave estão perfilados na moldura da lareira e nas prateleiras, e há tapetes antigos espalhados pelo chão. O pequeno sofá marrom desdobra-se na cama em que vou dormir nas próximas semanas. Dave dá uma explicação rápida sobre assuntos básicos — toalhas, fechaduras, cobertores, janelas complicadas, talheres, copos, máquina de café, chaves — e em seguida vai embora. Eu havia imaginado tomar café com ele em algum lugar das redondezas e ter uma conversa fraterna sobre como tudo vai se resolver — que eu preciso ser corajoso, que posso contar com ele etc. —, mas o que recebo em vez disso é uma ajuda com as sacolas, outra advertência sobre a vizinha de baixo, uma expressão preocupada e um adeus apressado.

O apartamento dá vista para o jardim dos fundos de um palacete. É um oásis minimalista: buxos, deck de teca, espelho d'água. O palacete tem vidraças grandes e claras que emolduram móveis requintados de estilo modernista no segundo piso, e uma geometria limpa de aço inoxidável, mármore, e o que parece ser camurça na cozinha no andar de baixo. Ordem e riqueza emanam do lugar, e mal consigo olhar. Fecho os olhos e só então ouço o som de pássaros canoros. Eles cantam exatamente como os passarinhos que cobriam as árvores perto do campo onde eu caminhava na área do centro de reabilitação. Imagino um grupo deles voando logo acima do jipe de Dave durante todo o nosso trajeto, desde White Plains, pousando agora nos galhos lá fora para chilrear e arrulhar seu encorajamento.

Oi, gente, eu digo e me assusto com o som da minha voz. *Obrigado pela festa de boas-vindas*, sussurro, e, embora esteja envergonhado com a fantasia das aves me escoltando de volta para Nova York, ainda me sinto feliz com qualquer generosidade — mesmo que inventada — que venha da vegetação lá fora. Deito-me no sofá e escuto.

Os pássaros continuam. Vozes vêm de fora. A geladeira zumbe na pequena cozinha. E de repente caio em mim: estou sozinho. Ninguém além de Dave sabe onde estou. Eu poderia estar fazendo qualquer coisa. Estive internado por semanas, sob o controle de enfermeiras, médicos e conselheiros o tempo inteiro. Não há mais reuniões de manhã, refeições em grupo e fiscalização noturna para ver se estou na cama às dez. Estou sozinho e não preciso dar satisfação a ninguém. E então, como uma brasa morta que ganha vida com um sopro, penso em meus antigos traficantes, Rico e Happy. Lembro-me que devo mil dólares a cada um deles e me pergunto — apesar de tudo o que foi perdido, de todos que sofreram, apesar de tudo — como vou conseguir 2 mil para pagar àqueles caras e poder comprar mais? Começo a examinar cartões de crédito e códigos PIN para ver se consigo adiantamentos em dinheiro. De repente, alguns milhares de dólares parecem ao meu alcance e sinto o despertar daquela velha queimadura, daquela carência hibernante. Imagino o alívio que a primeira dose me trará e logo estou de pé, andando para lá e para cá. *Não, não,* não, repito. *De jeito nenhum.* Essa fissura, depois que começa, é quase impossível de reverter. O que minha mente de viciado imagina, meu corpo de viciado persegue. É como Bruce Banner quando se transforma no Incrível Hulk. Depois que os músculos começam a forçar suas roupas e sua pele se torna verde, ele não tem escolha senão deixar o monstro brotar de dentro de si e desencadear seu estrago inevitável.

Piso numa tábua rangente e me lembro da senhora do andar de baixo. Penso em Dave e em como ele passou a maior parte do dia dirigindo, primeiro até White Plains e depois de volta; em como ele está confiando seu escritório a mim, e como parecia preocupado quando saiu. Olho para o meu relógio. São dez para as quatro e lembro que Jack sugeriu que eu fosse à reunião das quatro, aqui perto, caso voltasse para a cidade a tempo. *Eu posso chegar lá*, penso, desesperado, referindo-me tanto à reunião como à vida em geral. Pego o molho de chaves de cima da lareira e, tão suavemente quanto possível, desço os três lances ruidosos da escada e saio depressa para a rua.

Quando chego à reunião, ela está lotada e tenho de abrir caminho entre as pessoas para garantir o que parece ser o último lugar vago. Sento-me contra uma parede pintada de azul-esverdeado e nesse instante vejo Jack. Ele está sentado num banco do outro lado, bem em frente ao meu, com um grande sorriso do tipo que-bom-que-você-conseguiu-vir. Deveríamos nos encontrar só depois, mas ele me surpreendeu ao aparecer na minha primeira reunião de volta à cidade. *Bem-vindo*, ele sussurra com ar sério enquanto as luzes diminuem e a reunião começa.

Encontrei Jack apenas três vezes — duas no Lenox Hill e uma na minha última semana no centro de reabilitação, quando saímos para uma longa caminhada, sentamos em um gazebo branco e ouvimos o conselheiro-chefe dizer que acreditava que eu era alguém capaz de conseguir, alguém que ele não via em recaída. Jack é crítico de música e mora na cidade com seu namorado. Ele não era viciado em crack, mas sua história com drogas e álcool me faz lembrar a minha, e toda vez que acho que contei alguma coisa constrangedora ou vergonhosa demais, ele rapidamente conta uma história que me lembra de que já afundamos até as mesmas profundidades. Eu sempre preciso me lembrar de que Jack é um viciado em drogas. Ele é muito equilibrado, lúcido e saudável. Surpreende-me quando descreve coisas que fez quando estava chapado e que eu acreditava que ninguém mais tinha feito. Como bater em motoristas de táxi. Ele me conta isso na primeira vez que nos encontramos no Lenox Hill, quando ainda estou na paranoia de estar sendo seguido por agentes disfarçados da DEA.* Minha primeira reação é: *Como você sabia?* Ao que ele responde: *Como assim? Eu estava lá!* E depois de um instante entendo que ele estava lá quando *ele* havia feito aquilo, e não quando eu fizera.

A reunião termina e vamos tomar café. Falo sobre a fissura que tive uma hora antes, no apartamento de Dave. Ele me diz que se isso acontecer de novo — e *vai* acontecer — eu imediatamente devo chamá-lo ou a alguém que esteja sóbrio. Se a secretária eletrônica atender, devo deixar mensagens que descrevam o que está acontecendo, mesmo que seja para dizer que planejo obter drogas ou que estou prestes a beber. Basta deixar a mensagem e, uma vez feito isso, se puder, devo tentar imaginar cada passo do que virá a seguir. Pagar o traficante. Usar as drogas. Ficar chapado até o efeito passar e depois ligar ao fornecedor para pedir mais. E mais. Ficar sem dinheiro. Ficar paranoico. Não atender ao telefone quando amigos preocupados ligarem. O dia seguinte. O horror da manhã. A conta bancária vazia. A necessidade de conseguir mais. Tomar mais. E assim por diante.

Há algumas horas, no estúdio de Dave, eu não havia imaginado nada além de ficar alto. Apenas o barato. Agora que estamos sentados em um café lotado da Jane Street e falamos sobre aonde isso me levaria, sinto arrefecer a brasa antes quente do desejo. Enquanto conversamos, desejo poder ir para a casa de Jack. Morar com ele e seu namorado, pelo menos até que eu cumpra os noventa dias limpo, o que está a apenas um mês de acontecer. Noventa dias é um marco que muitas irmandades e organizações que lidam com o abuso de álcool e outras substâncias usam para estabelecer um ponto de partida para a sobriedade. Muitos sugerem o que eu

---

* Drug Enforcement Administration, agência americana de combate às drogas. (N. T.)

ouvi Jack chamar algumas vezes de *noventa em noventa*, o que significa ir a noventa reuniões em noventa dias. Já que não estou trabalhando e tenho pouca coisa para fazer, Jack recomendou que eu vá a duas reuniões por dia. Pelo menos. As reuniões às vezes são um martírio. Tenho dificuldade para me concentrar, para não ficar pensando em como vou reorganizar a minha vida, as minhas finanças e quase todos os meus relacionamentos. Não consigo imaginar como vou aguentar duas reuniões por dia durante noventa dias. *Uma reunião por vez, um dia de cada vez*, Jack entoa quando falo sobre a minha preocupação, e isso cala a minha boca. Alcançar os noventa dias tornou-se o principal tema das nossas conversas e, embora eu não consiga me imaginar sentado em todas essas reuniões, ouvindo todos aqueles bêbados e viciados, embora eu não consiga imaginar um futuro ou como vou resolver a enorme confusão que é a minha vida, às vezes consigo enxergar além dos noventa dias. Jack chegou a sugerir que durante esses noventa dias devo resistir a retomar o contato com muitas pessoas na cidade, evitar me envolver muito na solução do meu desastre profissional e financeiro. O modo mais simples de chegar a noventa dias é tendo serenidade, e quando minha cabeça fervilha com tudo o que aconteceu e tudo o que pode acontecer, eu penso: *Noventa dias, noventa dias*. Até que se torne tudo que consigo ver, a única coisa diante de mim que precisa ser feita.

Quando converso com Jack, com frequência não sinto o pânico agora habitual de não ter dinheiro, emprego ou nenhuma ideia do que vou fazer da minha vida. Ele metaboliza o que considero obstáculos intransponíveis com frases simples como *Um dia de cada vez* e *Vá com calma*, que eu acho ao mesmo tempo vagas, paternalistas e reconfortantes. Ele me diz para ter fé e que tudo aconteceu exatamente como deveria ter acontecido, e que se eu ficar sóbrio tudo acabará bem, que antes de eu me dar conta estarei ajudando outra pessoa a ficar e a permanecer sóbria. Ajudar alguém? *Impossível*, digo. Como eu poderia? Não tenho nada a oferecer. E fé? Não tenho nenhuma. Certamente não em mim mesmo nem em nenhum grande desígnio que torne aceitável o que aconteceu e o que fiz nos últimos meses e nos anos que os antecederam. Quando falo que não tenho muita fé, ele simplesmente diz: *Pegue a minha emprestada.*

Depois do café, Jack me leva a outra reunião da mesma organização, a poucas quadras de distância, no porão de uma igreja de tijolinhos linda e antiga. É a reunião, diz ele, em que se tornou sóbrio. Aquela que ele ainda frequenta. Enquanto atravessamos o pátio em direção à reunião, esbarramos em algumas pessoas que cumprimentam Jack com um aceno de cabeça, às vezes dando-lhe um abraço carinhoso e seguindo em frente. Ele sorri e acena para vários outros e, enquanto me conduz para a fila da frente, me sinto orgulhoso de estar com ele. Ocorre-me então, como já aconteceu antes, que eu mal o conheço. Não sei o nome de seu namorado, não conheço a maioria de seus amigos, nem sei onde ele mora, mas imagino-o como um super-herói sóbrio, uma espécie de Clark Kent de dia e superpadrinho à noite. Corro o olhar pela sala e vejo dezenas e dezenas de pessoas sentadas em cadeiras dobráveis — tomando café, conversando, esperando o início da reunião —, e ninguém parece tão atraente, confiante e amável como Jack. Sinto-me profundamente grato por ele ter entrado na minha vida. Desde Lenox Hill, nos falamos por telefone pelo menos uma vez por dia, e ele me ajudou a atravessar todo um universo de pânico. *Que milagre é esse cara*, penso, e enquanto faço isso ele me diz que preciso erguer a mão durante a reunião e contar para a sala inteira que acabei de sair da reabilitação e que este é o meu primeiro dia de volta à cidade.

Há mais de cinquenta pessoas na sala. No centro de reabilitação, havia apenas mais quatro pacientes, então as reuniões de grupo nunca eram tão grandes e nem de longe intimidadoras assim. Faço não com a cabeça e Jack se inclina para mim e diz: *Você não tem escolha. Temos um acordo: enquanto você seguir minhas recomendações, serei seu padrinho. Se você não seguir, não serei.* E assim, poucos minutos depois, quando o cara que dirige a reunião pergunta se há alguém na sala com menos de noventa dias, eu levanto a mão e faço o que devo fazer.

A reunião termina e muitas pessoas, principalmente homens e, além disso, gays, permanecem no pátio. Não demora, um grupo de rapazes — jovens, magros, com cabelos primorosos e vários deles, observo, usando cinto branco — se aproxima para dizer oi. Saúdam-me e perguntam se eu gostaria de jantar com eles. *Obrigado*, digo polidamente, *mas vou jantar com meu padrinho*. Porém, quando acabo de proferir a última palavra, ouço Jack atrás de mim dizendo: *Não, não vai*. Eu me viro para olhá-lo e vejo o rosto severo de um pai largando o filho num acampamento. Antes que eu possa dizer alguma coisa, ele me dá um abraço e me diz para deixar uma mensagem na secretária eletrônica quando eu chegar em casa. Enquanto vejo Jack se afastar, penso em voltar disfarçadamente para a Charles Street, mas muitas pessoas estão se apresentando, entregando seus números de telefone rabiscados em pedacinhos de papel, então eu não consigo sumir sem ser notado.

Então vou ao jantar. O grupo é composto de pelo menos quinze sujeitos. Todos gays. A maioria jovem. Alguns bonitos. A maioria não. Todos falam alto. Enquanto caminhamos na direção do Chelsea, tento ficar para trás para não parecer que estou com eles, mas cada vez que faço isso alguém fica também, para conversar comigo. *Quanto tempo você tem?* é a pergunta costumeira, e eu respondo: *59 dias*. Sinto vergonha de contar a minha história, então me refiro apenas a um período difícil. Eles parecem entender e não insistem.

Por fim, chegamos ao New Venus, no Chelsea, e os garçons juntam várias mesas na parte da frente do restaurante. Na briga do quem-senta-onde, acabo perto da ponta, junto da porta. Ao me acomodar, vejo um sujeito alto, pálido, de cabelo ruivo e camisa polo branca sentar-se à minha frente. Parece escocês, mas é exótico demais para um escocês. Talvez escandinavo, penso, mas depois me pergunto se existem escandinavos ruivos. Ele está em ótima forma, é muito pálido, cheio de sardas, e suas roupas parecem brilhar de tão limpas. *Oi*, diz. *Meu nome é Asa.*

Asa é alguns anos mais jovem do que eu, está fazendo pós-graduação de planejamento urbano e há três anos mantém-se longe do vício em heroína que acabou com suas economias e o obrigou a abandonar os estudos. Quando pergunto sobre o cabelo ruivo, ele me conta que é um mistério, ninguém na sua família tem, assim como ninguém na sua família é alcoólatra ou viciado. Foi criado no que descreve como uma família presbiteriana excêntrica de Baltimore, porém não vai mais à igreja, a menos que seja para uma reunião. Parece bem-educado e sério demais para estar junto a esse bando de garotos ex-frequentadores de clubes noturnos, mas não poderia parecer mais à vontade na companhia deles. Conto-lhe a minha história, ele escuta, assente com a cabeça e de vez em quando faz uma ou outra pergunta. Preocupa-me que pense que estou inventando a parte sobre a agência, Noah, a vida que eu levava antes e os dois meses em quartos de hotel que acabaram com ela. Ao mesmo tempo, não quero que pense que estou tentando impressioná-lo ou chocá-lo. Quero lhe dizer que nem sempre fui patético assim, quebrado assim, que demorou muito para eu chegar a esse ponto e ninguém viu o que estava acontecendo. Ninguém exceto Noah. Quando me ouço dizer que costumava ir muito a Londres, percebo que *estou* tentando impressioná-lo e calo a boca.

O jantar termina e conversamos na esquina da rua 22 com a Oitava Avenida à medida que, um por um, os doces e ruidosos garotos em cuja companhia me envergonho de ser visto vão desaparecendo na noite. *Me liga*, diz a maioria, mas eu já joguei fora o número de telefone deles no banheiro do restaurante. Decidi que Asa é o único com quem posso me relacionar. Ele tem o mesmo tom cauteloso e calmo de Jack, mas é menos distante, mais suave. Fala de uma reunião que eu deveria conhecer. Todo mundo a chama de A Biblioteca porque acontece em uma espécie de biblioteca de pesquisa e, por coincidência, fica a poucos quarteirões do Número Um da Quinta Avenida, onde morei com Noah até dois meses atrás. Ele descreve as pessoas de lá como um misto de gays e héteros, educados e não, todos muito sérios em relação à sobriedade. Ele me passa o endereço — que anoto no pedaço de papel onde escrevi o endereço de Dave na Charles Street — e me diz para encontrá-lo lá amanhã, dez minutos antes da reunião do meio-dia e meia.

É tarde. Meia-noite ou mais. Caminhamos algumas quadras e me despeço de Asa na esquina da rua 17 com a Oitava Avenida. *Vejo você na reunião*, ele diz, e me lembra outra vez onde é e quando. *Com certeza*, digo, pateticamente grato por ter um lugar para ir no dia seguinte, alguém para encontrar. Dou-me conta de que, além disso e do jantar com minha amiga Jean no fim de semana, não tenho planos. Não há almoços, jantares, filmes, peças, concertos, conferências, viagens de negócios, reuniões matinais. Nada. Asa me dá um abraço e desce a rua 17. Eu o observo ir embora, observo sua camisa branca e seu cabelo vermelho balançar na escuridão até desaparecer.

Perco-me no caminho de volta ao estúdio de Dave na Charles Street. Não estou familiarizado com o West Village, embora tenha morado quatro quadras a leste daqui durante seis anos e alguns quarteirões ao norte durante três. As ruas se misturam e, depois de andar para lá e para cá, toda vez que acho que finalmente descobri onde estou, dou de cara com a Sétima Avenida outra vez. É como se eu estivesse sob um feitiço e fadado a acabar sempre ali, não importa o caminho que faça. Estou exausto e penso em chamar um táxi, mas também estou quebrado e envergonhado demais para uma viagem que pode ser de apenas uma quadra. Sinto como se tivesse 21 anos de novo e acabasse de me mudar de Connecticut para Nova York. Estou perdido, sem apartamento, sem emprego, sem família, sem companheiro. Ninguém me espera. Cada janela iluminada zomba com o brilho convencido de uma vida invejável. Através de cortinas pesadas e persianas com borlas, vislumbro salas bonitas que refulgem com luzes e madeira polida, perfeitamente cheias de arte emoldurada, mas ainda não pendurada, e pilhas de livros. Casais correm para casa, inclinam-se um para o outro, sussurram histórias e trocam opiniões. *Será que eles sabem como são sortudos?*, penso enquanto passam em direção ao que imagino serem apartamentos e casas já pagos, sem hipotecas, sem aluguel. Observo-os e me pergunto o que Noah está fazendo. Meu peito aperta quando o imagino encerrando a noite com alguém, os dois voltando juntos para casa, como fizemos incontáveis vezes. Imagino-o contando pela primeira vez a história terrível de seu ex-namorado viciado para ouvidos atônitos e simpáticos.

Por fim, consigo voltar para a Charles Street. Todos os prédios têm a mesma aparência, então verifico o pedaço de papel mais uma vez, para ter certeza de que estou no endereço certo. É quase uma da manhã e todas as luzes do edifício estão apagadas. Experimento a fechadura, giro a chave e, tão suavemente quanto posso, entro no vestíbulo. Tiro o sapato — com cuidado, em silêncio — e dou o primeiro passo na ponta dos pés. A madeira sob o tapete coaxa como o mais barulhento dos sapos. Como subir a escada sem fazer barulho? Como voltar ao apartamento pequeno e seguro, iluminado por candelabro, sem acordar o prédio inteiro? Subo o segundo e o terceiro degrau e eles rangem ainda mais alto do que o primeiro. Tenho certeza de que a mulher do segundo andar já está ligando para Dave, contando que o vândalo hospedado no apartamento dele está destruindo a escada, acordando todo mundo. Quase posso ouvir Dave praguejando ao lado de Susie, jurando-lhe que esta foi a gota d'água, que ele não pode mais me ajudar e que eu terei de me instalar em outro canto enquanto tento reconstruir minha vida.

Avanço sem pressa. Paro e recomeço dezenas de vezes na escada, e descanso ainda mais tempo nos patamares do primeiro e do segundo andar. Estou quase no terceiro, quase no topo do último lance, quando um dos pés do sapato solta do meu pé e — *oh, Deus, não* — rola ruidosamente por todo aquele lance da escada. Quando por fim estala no patamar de baixo, congelo e espero ouvir passos, assoalhos rangendo, qualquer sinal de inquilinos subitamente despertados. Passam-se alguns minutos e, com a respiração presa, ponho o outro pé do sapato no topo da escada, para não deixá-lo cair. Desço aos poucos até o patamar. Meus passos rangem e arrotam durante todo o caminho e meu progresso — com numerosas paradas e arrancadas — é penosamente lento. Pego o sapato renegado e aperto, torço e sacudo a coisa com violência para puni-la por causar tantos problemas.

Viro para trás e olho para o lance estreito de escada que leva ao patamar do terceiro piso. Nada jamais pareceu tão longínquo. Penso em dormir exatamente onde estou. Não vou suportar outra prancha de madeira estrilando sob meus pés. Como fui acabar aqui? Sem teto, sem dinheiro, sozinho e congelado de pânico no segundo andar do edifício de outra pessoa? Como vou refazer minha vida? Fico imóvel.

Sacudindo a sonolência que está fechando meus olhos e fazendo meu corpo vergar contra a parede, tento ser otimista. O apartamento está a somente um lance de escada. Se eu for bem silencioso, ninguém vai me ouvir. Se for bem cuidadoso, ninguém vai ficar com raiva. O ar está úmido na escada do prédio e minha camisa encharcada de suor. Imagino todos os habitantes da cidade enfiados na cama. Pergunto-me novamente se Noah está sozinho ou com alguém. Penso nos 31 dias que ainda tenho para percorrer até chegar aos noventa e concluo, com um mau presságio, que é mais fácil contar os dias em enfermarias psiquiátricas e centros de reabilitação do que na cidade.

Adiante, o outro sapato está no topo da escada, exatamente onde o deixei. A centímetros da porta de Dave, a poucos passos do sofá-cama onde posso desmoronar e da pilha de cobertores embaixo da qual posso me esconder. Por fim, ando em direção ao último degrau. A madeira geme sob meus pés. Sinto coceira em minhas costas úmidas, mas não me atrevo a coçá-las. Ouço a descarga de um banheiro no piso superior e uma porta bater em algum lugar abaixo. Espero pelo que parece uma eternidade antes de dar o próximo passo. Há um longo caminho a percorrer.

Meu lar

Sessenta dias. É meu primeiro pensamento antes de abrir os olhos depois de uma noite agitada no sofá-cama de Dave. Em seguida: *Faltam trinta.* Olho para o relógio e passam uns minutos das nove. Pulo do sofá rangedor, tomo um banho apressado, me visto, dobro o colchão de volta no sofá, arrumo as almofadas e dou uma limpada no lugar. Quero estar fora quando Dave chegar. Não quero ficar no meio do caminho e, mais do que isso, não quero — não agora — vê-lo. Não suporto aquela expressão de preocupação em seu rosto. Embora sejamos amigos há anos, a expressão pertence a alguém que é mais um guardião do que um amigo. Sem dizer uma palavra, ele diz *fique sóbrio e depois a gente conversa*, e eu não o culpo. Então, na ponta dos pés, desço aqueles malditos degraus e saio para passar o dia fora.

São quase dez horas quando saio do prédio. Tomo uma xícara de café na bodega mais próxima e dou uma volta pela vizinhança para me orientar. Nada me parece conhecido. Moro há doze anos em Nova York e sinto como se nunca tivesse estado aqui. É tranquilo, arborizado e parece incrivelmente caro. Cada loja é uma que eu nunca vi, cada restaurante um lugar que não posso pagar. Acabo indo em direção à reunião para ver Asa, como planejado, e, quando estou me aproximando da esquina da rua 10 com a Quinta Avenida, lembro-me de um acordo que fiz com Jack: manter-me num raio de dois quarteirões de distância do Número Um. Isso inclui o Washington Square Park, toda a University Place e a Sexta Avenida, entre as ruas 8 e 10, e a Quinta Avenida abaixo da rua 10. Também não devo entrar em um raio de duas quadras da Sexta Avenida com a Houston, onde fica o apartamento do meu ex-colega de drogas Mark e onde ocorreu grande parte do meu último consumo de drogas. A área em torno da agência literária agora fechada da qual fui coproprietário, ao norte do Madison Square Park, também está fora dos limites. São lugares que Jack chama de gatilhos, e devo evitá-los a todo custo. Por um momento, acho que o local em que vou encontrar Asa está fora dos limites, mas depois percebo que fica na fronteira da rua 10, meia quadra a leste da Quinta. Se fosse uma porta abaixo da rua 10, eu não poderia ir.

Chego à Quinta Avenida — pela primeira vez desde que voltei para casa — e, quando vejo a velha torre art déco familiar do Número Um, sinto-me como um fantasma assombrando minha vida antiga. Quantas vezes corri para casa nesta rua, preocupado que Noah tivesse mudado a fechadura? Quantas vezes subi a Quinta em direção à agência com uma ressaca terrível, arrasado por ter passado a noite em claro? De pé na mesma calçada em que outrora eu caminhava com tamanha agonia, não consigo evitar me perguntar: *Como fui aquela pessoa? Como aquilo durou tanto tempo?* Caminho para a reunião e começo a pensar que jamais deveria ter voltado, que deveria ter aceitado a oferta da minha irmã Kim de ir morar com ela no Maine. Como pensei que seria possível estar aqui? Cada centímetro deste bairro traz uma lembrança da minha vida anterior. Olho para o sul, em direção ao Washington Square Park, e vejo, a apenas alguns quarteirões de distância, os dois toldos verdes enormes do Número Um projetando-se sobre a calçada. Tão claro como o dia, vejo as janelas de canto do apartamento onde Noah e eu moramos por seis anos, onde Noah ainda mora. As últimas seis semanas se passaram em salas de hospital, na reabilitação e, ontem à noite, num apartamento desconhecido. Tudo o que aconteceu — o rompimento com Noah, todo mundo sabendo que sou viciado em crack, o fim da minha carreira, o fim da empresa, toda a raiva e decepção —, todas essas coisas foram registradas, sim, mas coletivamente e de forma abstrata. Este momento, porém, é tão concreto quanto a calçada em que estou. Este lugar diante de mim — com janelas reluzentes e toldos verdes adejando à brisa — era o meu lar e agora não é mais. Não pertenço mais a este lugar. De alguma lembrança distante, vem a voz ameaçadora da minha professora de piano na infância, que previu, depois das muitas horas que passou tentando ensinar meu eu distraído e inexperiente, que um dia eu iria crescer e me tornar um viciado em crack, tal como tinha acontecido com a garota mais famosa da minha cidade. *Você terá o castigo que merece*, ela previu mais de uma vez, sem uma pitada de dúvida em seu sotaque irlandês. *Um dia você vai cair em si, e quando isso acontecer vai perder o chão.* E assim foi.

Entro na rua onde será a reunião e vejo uma mulher loira empurrando um carrinho de bebê na minha direção. É Jane, uma velha amiga de Noah de Yale e esposa de um ex-cliente com quem não falo há muitos meses. Jane também é uma escritora de sucesso muito respeitada e, enquanto ela se aproxima, penso: *De todas as pessoas no mundo que eu poderia encontrar, por que ela?* Quando ergue os olhos, ocorre-me que talvez não diga uma palavra, que talvez passe por mim e finja que não estou ali. Claro que ela vai fazer isso. Eu sou um pária agora. É isso que as pessoas fazem quando encontram um pária. Elas não o veem.

Jane diminui o passo, trava o carrinho e caminha na minha direção. Sem uma palavra, agarra gentilmente meus braços, me puxa e me beija no rosto. Rápido, sem cerimônia, algo que termina antes mesmo de acontecer. Dá tapinhas no meu ombro, olha para mim com terna piedade e se afasta. *Jane*, é tudo o que consigo balbuciar antes que ela destrave o carrinho de bebê e siga rua abaixo.

São 12h25 e já estou atrasado para o encontro com Asa. Corro para a reunião, ainda perplexo com a gentileza de Jane. Vejo a biblioteca de pesquisa onde as reuniões acontecem e entro. O segurança pede que eu assine um papel e diz que a reunião é no quinto andar. *Como ele sabe que vou à reunião?*, penso, preocupado de estar com uma aparência tão destruída quanto o jeito que me sinto. Rabisco meu nome e a hora, e me apresso a subir a escada. No quinto andar há uma sala de leitura com prateleiras de livros lindamente entalhadas e amplas vidraças que dão para varandas com plantas e janelas com cortinas que adornam os fundos de palacetes e apartamentos da rua 11. Há algo de familiar na sala, ela traz de volta uma lembrança antiga, como a sala de uma casa que conheci na infância, mas sei que nunca estive aqui. A luz do meio-dia penetra pelas janelas. Antes de olhar ao redor em busca de Asa, sento-me, descanso o queixo no peito, fecho os olhos e respiro fundo. A alienação instável que senti na rua há poucos minutos vai se acalmando a cada respiração. Sinto-me pequeno mas seguro e à beira das lágrimas. Ergo os olhos e Asa está no assento ao meu lado. Calça de brim cáqui perfeita, camisa polo preta, cinto cor-de-rosa, sardas por toda parte. *Oi*, diz, sorrindo.

Estava me perguntando se você viria. Seus cabelos ruivos, sob o jorro de luz, brilham como uma auréola. Sei que é um absurdo dizer isso, porém é verdade. Ele põe a mão no meu ombro, essa pessoa que conheço há menos de vinte e quatro horas, mas que sinto como se fosse meu melhor amigo no mundo. Põe a mão no meu ombro, inclina-se para a frente e me dá um abraço forte. *Você está um lixo,* diz. *Está um lixo e vai ficar ótimo.*

Um grãozinho na paisagem urbana

Me perdi no West Village de novo. Estou no apartamento de Dave há quase uma semana e as ruas a oeste da Sétima Avenida ainda estão enfeitiçadas de modo que sempre acabo diante do pequeno parque no alto da Horatio Street ou em qualquer lugar da Sétima Avenida abaixo da rua 14. Chove. Estou na Jane Street. Sei que há um café nas proximidades, aquele em que Jack e eu fomos entre as reuniões no primeiro dia em que voltei. Vou na direção do que acredito ser o oeste e reconheço uma pequena placa verde no final do quarteirão. Estou salpicado de chuva, mas ainda praticamente seco quando chego lá. Há um anúncio de um estúdio de cerâmica acima da placa do café, porém não há nenhum vestígio de cerâmica no local. O dono é um dos homens mais bonitos de Nova York (Jack e eu concluímos isso na semana passada) e também um dos mais maldosos.

A pequena sala de teto baixo está cheia. Jovens desalinhados de vinte anos que parecem astros de seus próprios *reality shows* debruçam-se diante de seus laptops, escrevendo — o quê? Roteiros?

Contos? São pessoas como essas que costumavam me enviar seus manuscritos com cartas que começavam com resumos da trama? Por que são todos tão implacavelmente atraentes? Ninguém se move de seu lugar e me dou conta de que não tenho dinheiro. Não há caixa eletrônico no café e a chuva despenca lá fora. *Posso ajudá-lo?*, pergunta o belo maldoso atrás de potes transbordando de cookies elaborados. Seus olhos, percebo, são verdes e dourados e olham para mim com nada além de desprezo e impaciência. *Estou esperando uma pessoa*, gaguejo, e como se esperasse exatamente essa resposta, ele diz: *Bem, que tal pedir alguma coisa enquanto espera?*

Isso está mesmo acontecendo? Será que agora eu tenho algum cheiro ou sinal que informa as pessoas que estou deprimido, quebrado, banido, que tenho poucas defesas e posso ser expulso?

Talvez é tudo o que consigo responder enquanto dou as costas para ele e finjo fazer um telefonema. Para quem posso ligar? Não posso ligar para Jack de novo. Já deixei três mensagens entre a noite passada e esta manhã. Mais tarde verei Asa em uma reunião numa igreja em *uptown* e, assim como fiz com Jack, já deixei mensagens demais para deixar mais uma. Posso sentir os olhos do barista me fuzilando de raiva atrás de mim. Teclo números falsos aleatórios e digo *oi* do jeito mais casual, tenho-dezenas-de--amigos-felizes-por-me-ouvir. Enceno metade de uma conversa íntima e temo que a qualquer momento esse cara vai me escoltar até a porta e me jogar na chuva. Invento um rápido *Te vejo depois*, desligo o telefone, viro-me e, como era de esperar, o belo idiota está encostado no balcão de braços cruzados, com um olhar no rosto que só pode ser descrito como de nojo.

Não aguento nem mais um segundo e vou embora. A chuva cai aos borbotões e as ruas estão vazias. Ando até o fim do quarteirão e sigo para o que acredito ser o leste. São três e meia, já fui à academia (a anuidade felizmente está paga) e a duas reuniões, mas ainda tenho duas horas para gastar até poder voltar ao apartamento de Dave antes de me encontrar com Asa mais tarde. Vou parar no Hudson e percebo que fui para o oeste. A livraria Barnes & Noble na Union Square é o único lugar ao qual posso pensar em ir e desaparecer por algumas horas sem que fique óbvio que não tenho outro lugar para ir. É uma caminhada de pelo menos vinte minutos, mas dou meia-volta mesmo assim e regresso pela Jane. A chuva está mais fria, mais forte. Acho um guarda-chuva quebrado saindo de uma lixeira e durante algumas quadras aceito a ficção de que ele está realmente me mantendo seco. Há um momento — com a água esguichando do sapato, camiseta grudada no peito, chuva pingando da aba do meu boné do Departamento de Parques de Nova York — em que paro e olho ao redor. Não tenho ideia de onde estou. Nenhum prédio ou loja me parece familiar. Fui para o leste depois da Jane e para o que eu achava ser o norte. Não vejo nenhuma placa de rua. Estou em algum lugar?, me pergunto. Ainda existo? Perdi o senso de direção e sinto como se a chuva estivesse prestes a me explodir em um bilhão de partículas microscópicas. Nunca me senti tão pequeno. Começo a telefonar para as pessoas — Dave, Jack, Kim, Jean, Asa — e apenas ouço as mensagens gravadas da caixa postal. Como não tenho nada para falar, desligo e digito o número seguinte. Imagino todos eles a salvo em seus escritórios e apartamentos secos e quentinhos, rodeado por colegas, animais de estimação, telefones que tocam e café fresco. Penso na agência, que agora já era, e na noite, há apenas alguns meses, em que apareci lá e as fechaduras tinham sido trocadas. Do outro lado daquela porta trancada estava a mobília que Kate e eu tínhamos escolhido e levado de uma loja da Park Avenue. Depois daquela noite, eu jamais veria de novo nem o escritório nem a mobília nova. Paro de teclar no telefone, que agora está escorregadio por causa da chuva e que provavelmente irá quebrar em breve.

Voltei há cinco dias, estou sóbrio há sessenta e quatro e, com os noventa quase aí, não sei como vou segurar as pontas depois, como ficarei na cidade. Os slogans de Jack e as tranquilizações de Asa não estão ajudando. O dinheiro não entra, só sai, as contas se acumulam e preciso encontrar um apartamento na próxima semana, antes que Dave me ponha para fora. Sinto-me como um dos moleques de rua que Dickens descreve em seus livros. Como o pequeno Jo de *A casa abandonada*, que morreu de alguma coisa sinistra nos brônquios, como a tuberculose, depois que sua utilidade para o mundo acabou. A minha também está acabada. Como este guarda-chuva ridículo, qualquer fantasia que eu tinha de ficar bem, de refazer meu caminho numa cidade de vencedores superprodutivos, agora é obviamente uma ficção, um escudo patético contra uma verdade esmagadora. Acabou. Sou um grãozinho dickensiano em uma cidade para a qual não sirvo mais. Meu tempo aqui acabou, nele tive sorte, por determinado período joguei bem minhas cartas e, depois, muito mal.

Baixo o guarda-chuva, deixo a chuva ensopar o que resta de roupa e pele secas, ergo o rosto para o céu, reflito, depois digo: *O.k.* A cidade desaparece ao meu redor, restam apenas os elementos da natureza. Vento e água, gelada e limpa. *O.k.*, repito, sem saber com o que estou concordando, o que exatamente estou aceitando. Mas estou aceitando alguma coisa. A verdade da minha situação? A realidade que até agora evitei? É muito pior do que imaginei e também, de certa forma, melhor. Será este o fundo do poço a que as pessoas se referem nas reuniões? O desespero cruel que torna possível a mudança?

Caminho sem nenhum senso de direção. A esta altura, não importa para onde vou. Eu vou caminhar até as cinco, ficar encharcado até Dave sair do estúdio. Não há ninguém nas calçadas nem carros nas ruas. O labirinto do West Village está vazio. Trovões e saraivadas de chuva batem contra o asfalto. Eu já tinha escutado os trovões em Nova York? Seria mais uma coisa que eu antes dava por certa — estas ruas, o custo das coisas, o amor — e que agora mal reconheço?

Logo adiante, um toldo sobressai sobre um trecho seco de calçada; caminho rápido em sua direção e me enfio debaixo dele. É uma pequena imobiliária, com fotografias de apartamentos na vitrine. Lembro-me de quando Noah e eu parávamos diante de vitrines como esta e ficávamos pasmos com belos pés-direitos altos e cozinhas novas. Olhar agora para esses espaços reluzentes e meticulosos só me faz pensar que não tenho meu próprio espaço, e aquele em que vou acabar — se é que vou acabar em algum — não será como esses.

O vento começa a soprar a chuva horizontalmente e o toldo já não oferece mais proteção. Uma rajada súbita de chuva explode contra o toldo, a vitrine, e todo o meu corpo encharcado e, em pânico, salto para dentro da imobiliária. Pingando água, fecho a porta e, enquanto faço isso, quatro pessoas sentadas a suas mesas erguem os olhos e dizem olá em uníssono. Digo que estou procurando um apartamento para alugar, o que é verdade, embora não tenha nenhum plano de fazer isso através de uma imobiliária e pagar a ultrajante taxa do corretor, que normalmente equivale a pelo menos dois meses de aluguel. Ainda assim, este pequeno lugar é quente e seco, e preciso fazer hora. Digo que vou tirar um ano sabático do trabalho e estou procurando um lugar mais barato para alugar. Os computadores ganham vida, imagens de apartamentos com estatísticas de aluguel brilham nas telas e um dos corretores, um careca de meia-idade, diz que conhece um estúdio grande com varanda que está prestes a entrar no mercado. Por sorte, fica a apenas poucas quadras daqui e ele poderia me mostrar no dia seguinte ao meio-dia, antes que outra pessoa o visse. *Claro*, digo, sem nenhuma intenção de aparecer. Trocamos números de telefone, ele me dá o endereço de onde devo encontrá-lo no dia seguinte e, após uma rodada de despedidas, estou de volta à rua.

Mantenho o pedacinho de papel no bolso durante a reunião daquela noite e, por milagre, ele ainda está na minha calça no dia seguinte. Tiro-o do bolso da frente por volta das onze e meia da manhã e imagino o sujeito careca aparecendo no prédio e não me vendo em lugar nenhum. Parece o tipo de coisa que eu teria feito antes e que me faria sentir culpado. Algo de que me envergonharia mais tarde enquanto entornasse vodca atrás de vodca, até esquecer completamente. Então, vou me encontrar com o sujeito na frente do prédio, na esquina da rua 15 com a Sétima Avenida. Quando chego lá me dou conta de que se trata do quarteirão em que eu morava quando conheci Noah. O quarteirão onde ficava o apartamento que eu possuía quando tinha vinte e cinco anos e onde eu e minha namorada Nell moramos por quase três anos. Sempre me senti mais à vontade nesta rua do que no Número Um, e ao olhar para o quarteirão vejo que ele não mudou muito. Ainda é uma mistura de prédios residenciais de meados do século com aluguel controlado, cortiços velhos, cabeleireiros e prédios geminados renovados. Não consigo me lembrar da última vez em que estive aqui. Eu vendi o apartamento — o segundo andar de uma antiga cocheira nos fundos de um pátio — anos atrás, a fim de levantar dinheiro para abrir a agência literária, mas depois disso acho que nunca mais voltei.

Encontro-me com o sujeito careca no pequeno saguão e vamos até o 17º andar. Quando ele abre a porta do apartamento, tenho uma forte sensação de déjà-vu, não muito diferente da que tive na primeira reunião na biblioteca. Entramos no pequeno corredor e, antes de chegarmos ao único cômodo, antes que eu veja a pequena varanda que dá vista para a cidade, para o Empire State Building e mais além, antes que eu veja a pequena cozinha com espaço suficiente para uma mesa e o banheiro simples de azulejos preto e branco, e antes que eu me preocupe com onde vou arrumar dinheiro para o aluguel do primeiro e do último mês, o depósito e a taxa do corretor, antes de qualquer uma dessas coisas, saem palavras da minha boca e, enquanto as pronuncio, sei que são verdadeiras: É isso. *Estou em casa.*

Reentrada

Setenta e quatro dias. Faltam dezesseis. Primeira vez que acordo de manhã no apartamento da rua 15. Na noite anterior, permaneço acordado até meia-noite e da cama vejo as luzes do Empire State Building se apagando. Quase posso ouvir o suspiro do velho arranha-céu quando fica escuro, como se estivesse esgotado pelo longo dia. Ainda não desfiz as malas nem arrumei o lugar, mas tirei minhas coisas do Número Um. Noah e eu concordamos que eu deveria mudar sem ele por perto, então, três dias antes de sair do estúdio de Dave (e com a permissão de Jack para cruzar a zona de gatilhos), eu vou até lá. Peço que minha amiga Cy vá comigo e ela concorda. Fiz o pedido por algumas razões. Primeiro, ela foi até White Plains algumas vezes me dar apoio. Segundo, ela trabalha como conselheira de pessoas diagnosticadas com aids e outras doenças fatais desde os anos 1980, e poucas coisas a espantam. Terceiro, ela é linda de morrer, extraordinariamente elegante e, bem, a mulher pode entrar em um edifício. Conforta-me um pouco que ela estará ao meu lado, como um campo de força glamoroso, quando eu entrar pela primeira vez no prédio desde que saí de lá numa maca. Ela me encontra na frente do Número Um com a mesma aparência de sempre, graças a Deus, engancha seu braço no meu e diz: *O.k., garoto, vamos acabar com isso*. Eu praticamente me escondo atrás dela quando entramos. Mesmo que Noah tenha tomado providências para deixar as chaves na recepção, e mesmo com Cy ao meu lado, receio que me impeçam de entrar. Faz dois meses que eu desmoronei ao cruzar essa mesma porta, incapaz de me levantar, implorando por uma chave. Dois meses desde que a ambulância me levou para Lenox Hill.

José, um dos porteiros, está na recepção e, assim que me vê, diz com amabilidade exagerada e num tom em que não posso deixar de sentir sarcasmo: *Noah lhe deixou as chaves*. Quantas vezes José me comunicou a chegada de um dos meus traficantes ou me viu surgir com tipos suspeitos que eu trazia do Washington Square Park quando Noah não estava? Ele pode ser sarcástico quanto quiser, penso, e de repente me pergunto quantas pessoas do prédio teriam seguido pelo mesmo caminho que eu. Alguém? Muitos? Na reabilitação e nas reuniões, ouvi dezenas de histórias como a minha — gente bem-sucedida na superfície, levando o que parecia ser uma vida respeitável em prédios como este e que à noite se transformavam em zumbis drogados, que deixavam subir vampiros traficantes-e-usuários de drogas. Talvez eu não fosse o único no Número Um a ter uma vida tão bagunçada. Talvez eu não fosse nada fora do comum. Por mais que eu queira acreditar nisso, o olhar desconfiado e piedoso de José sugere o contrário.

Cy e eu entramos no elevador e subimos até o sexto andar. O corredor está exatamente como era, um corredor comum. Indiferente, um pouco abafado com suas paredes listradas de verde e dourado e carpete corporativo bege. As novas fechaduras ainda brilham, e assim que entramos no apartamento Benny já está a nossos pés, miando e ronronando, e depois, ao contrário de seu hábito, esgueira-se imediatamente para longe, fora da vista. Ela desaparece no apartamento e só mais tarde ressurge na porta do quarto enquanto coloco minhas roupas em sacolas de lona. *Entre para o clube*, digo enquanto ela me olha desconfiada do outro lado do quarto, mantendo-se à distância.

Demorará dois dias e meio para eu tirar todas as minhas coisas, inclusive a gata, do apartamento de Noah e levá-las para a rua 15. Cy não volta nos dias seguintes, mas está tudo bem. Percorro o lugar tirando roupas de gavetas, paletós e sapatos de armários e livros das prateleiras que Noah e eu havíamos construído quando nos mudamos. Aquelas cujo projeto achamos em um livro chamado *Vivendo com livros*. Compramos uma pilha de livros desse tipo e uma noite, durante o jantar no L'Acajou, nos debruçamos sobre as páginas brilhantes até acharmos um design simples adequado ao lugar. Fiquei bêbado naquela noite?, pergunto-me dolorosamente. Ao tirar meus livros das prateleiras e enfiá-los em caixas de papelão, me encolho de arrependimento e desejo que pudesse voltar no tempo e fazer tudo diferente. Mas, mesmo que pudesse, conseguiria não beber? Não me enfiar no banheiro e chamar um traficante? Mesmo à distância de um cuspe dos noventa dias, não tenho tanta certeza.

Bisbilhoto em busca de sinais de um novo amor. Estou doente de ciúme, embora tenha terminado nosso relacionamento seguindo a recomendação forte do meu conselheiro na reabilitação, da minha irmã e de vários amigos próximos que me instavam a ficar sóbrio sozinho, longe do que todos descreviam, cada um à sua maneira, como uma dinâmica codependente de viciado e facilitador que Noah e eu tínhamos, ao que parece, aperfeiçoado. Meu desespero e minha necessidade do apoio deles eram e são tão grandes que não os questionei e concordei. De início, Noah teve raiva de mim, mas um conselheiro do centro de reabilitação telefonou para ele, explicou tudo e lhe pediu que me desse o espaço que eu precisava para ficar saudável. Não o vejo há mais de dois meses; nosso único contato foi frio e seco e tratou especificamente dos detalhes da minha mudança. Quase nunca se passa uma hora sem que eu questione a decisão de romper e duvide que seja a escolha certa. Mas não só os conselhos dos outros me impedem de mudar de ideia; outra coisa além da lógica ou da vontade me impede de procurar Noah e correr de volta para os braços dele.

Entre caixas de papelão e sacolas de lona, verifico o identificador de chamadas para ver se há números de telefone estranhos recorrentes (são muitos para que eu chegue a alguma conclusão); vasculho as gavetas da mesa de cabeceira em busca de provas de sexo — lubrificante, preservativos — e não encontro nada; revisto o blazer Helmut Lang cinza de Noah e os bolsos de sua jaqueta de pressão cinza e, de novo, nada. Apenas isqueiros e cigarros, o que deixa claro que ele voltou a fumar abertamente. Fui um tirano em relação ao fumo quando estávamos juntos, o que agora parece tão irônico e hipócrita quanto já era.

No último dia, com tudo embalado e pronto para ir, sento-me na janela do canto da sala e passo o dedo pelo tecido bege e marrom de estampa animal no assento. Há um pequeno travesseiro quadrado feito com o mesmo tecido encostado à janela, e me pergunto se deveria levá-lo comigo. O tecido é de uma loja de Islington, em Londres, onde passamos quatro ou cinco fins de semana em um apartamento cujo aluguel eu dividia nos meus vinte anos. Comprar aquele tecido e mandar fazer a almofada e o travesseiro da janela parecia, aos vinte e sete anos, a coisa mais adulta e sofisticada que alguém poderia fazer. Rio do meu eu mais jovem, agora distante, e me divirto durante um breve momento antes de o punho fechado do desgosto regressar. Observo as primeiras luzes da noite piscarem na Quinta Avenida e os faróis brancos que correm em minha direção. Quantas vezes me sentei aqui? E com que estados de espírito — furioso, envergonhado, preocupado, alto, esperançoso, com ódio, bêbado, arrogante, em pânico, exausto, apaixonado? Permaneço por mais alguns minutos e relembro tanto quanto posso antes de ir embora. Deixo o travesseiro para trás.

Várias noites depois, Dave arruma ingressos para a ópera. Acho, mas não tenho certeza, que vimos *Aida* naquela noite. Lembro que era uma apresentação longa e uma das produções mais antigas de Zeffirelli na Metropolitan Opera. Jantamos no restaurante caro e ainda glamoroso no nível do balcão nobre do edifício. Entradas e prato principal no primeiro intervalo e sobremesa e café no segundo. Os assentos de Dave na ópera são bons — centro do balcão nobre, ou seja, segundo balcão, segunda fileira, no meio —, e as pessoas sentadas ao nosso redor parecem frequentadores assíduos, bem-vestidas, sem a extravagância dos turistas da plateia. Não consigo evitar pensar que todos aqui ocupam esses lugares desde a adolescência, viram essas óperas centenas de vezes e estão bastante alertas para a presença poluidora de quem não fez isso. Depois de ter passado o dia nas reuniões do meio-dia e meia e das duas na biblioteca e o resto da tarde sentado na Union Square com Asa, contando-lhe alguns dos detalhes mais cruentos da vida dupla que eu levava como viciado, acho que esta cena noturna refinada não me deixa confortável.

Durante o jantar, Dave mantém a conversa dentro dos limites firmes da ópera, de sua família e da cultura popular. Só uma vez pergunta como vão as coisas e tenho muito cuidado para não parecer nem muito otimista nem muito desanimado. Não chego a dizer *um dia de cada vez*, mas poderia muito bem ter dito. Sou como um aprendiz cauteloso com um mentor benevolente porém rígido. Ciente o tempo todo de ter sorte por receber alguma atenção dele depois de tantas gentilezas — ter me recolhido e levado para a reabilitação, o empréstimo do estúdio na Charles Street, todos os telefonemas e e-mails que teve de receber de pessoas preocupadas e bravas que ficaram sabendo que ele estava em contato comigo depois que desapareci meses atrás. Piso nesse terreno com cuidado e me pergunto se algum dia voltaremos a ficar à vontade um com o outro.

Quando a ópera termina, tomamos um táxi para o centro. Sou grato por ele dar ao motorista meu endereço antes do dele, pois sei que meus dias de pagar viagens de táxi acabaram. Fazemos nossas despedidas e me dirijo ao meu prédio e àquela que será minha segunda noite nele. Entro no elevador, que tem um ascensorista, embora o apartamento seja relativamente barato e o prédio todo de aluguel. O que está de plantão agora eu nunca vi, então peço para subir ao 17º. Ele diz *O.k., chefe* com um sotaque que imagino ser croata ou georgiano. Chego ao meu apartamento e vejo duas sacolas de compras penduradas na maçaneta da porta. Ao ver as caixas de quiche da padaria Eli's aparecendo em uma das sacolas, percebo que são de Jean. Há um cartão colado numa alça e meu nome está rabiscado nele com a letra dela, irregular, inclinada e impossível de imitar. O cartão diz: *Bem-vindo a seu novo lar e sua nova vida. Com muito amor, Jean.* Entro e abro as sacolas, cheias de quiches, saladas e carne assada. Alguns alimentos vêm da Eli's, alguns do Zabar's e outros foram feitos por Paul, o chef de Jean. Há até mesmo chocolates austríacos delicados da Neue Galerie. Depois de guardar a comida, paro diante da geladeira agora cheia e grito: *OBRIGADO, JEAN!* Percebo, com alívio e uma pequena rajada de confiança, que não preciso comprar comida por pelo menos uma semana.

Vou até a varanda. É uma noite fria de primavera e as luzes da cidade dançam. Já passa da meia-noite, então só consigo distinguir o contorno fantasmagórico do Empire State no escuro. Sinto-me aliviado por estar longe de Dave, longe do que imagino ser seu escrutínio nervoso. Penso em seu estúdio de escrita na Charles Street — nos degraus que estalam, na vizinha de baixo pronta para atacar ao menor indício de atividade nefasta. Penso no período instável que passei lá e lembro como, na primeira tarde, minutos depois de Dave sair, me senti consumido pelo desejo de me drogar. Que sorte não ter feito isso, penso. Que milagre a fissura ter passado. A cidade pisca suas luzes, ouvem-se sirenes da polícia, a música fraca de outro apartamento vai e vem com a brisa. Então, assim como tinha acontecido naquela tarde, a velha fissura volta. Como descrevê-la? É como se uma pele perfeitamente normal ficasse em chamas de um momento para o outro, atacada por uma coceira. A aparência é a mesma: pele inofensiva, desagrilhoada. Mas de repente ela grita para que as unhas a transformem em carne viva.

Olho para o apartamento através da pequena janela quadrada na porta e penso: *Não há nada nem ninguém para me impedir*. Posso ficar doidão neste apartamento, ele é só meu, ninguém vai voltar para casa ou chegar de manhã. Em seguida olho para o tráfego esparso da Sétima Avenida e penso: *Se todo o resto falhar, há dezessete andares e uma calçada dura*. Sei que deveria ligar para Jack. Ou para Asa. Ou para alguém entre as dezenas de pessoas da biblioteca e de outras reuniões cujos números agora estão na agenda do meu telefone. *LIGUE PARA ALGUÉM!*, digo em voz alta, mas no instante em que pronuncio as palavras sei que é tarde demais. Minha cabeça fervilha com maneiras de obter drogas. Como Jack me obrigou a comprar um celular novo, não tenho os números de Happy ou Rico. E não consigo me lembrar deles de cor. Então me ocorre: o apartamento de Mark, na esquina da Houston com a Sexta. Ele está sempre usando e sempre acordado. É meio de semana e antes da uma da manhã. Se ele já não tem drogas no apartamento, pode conseguir um pouco facilmente. Melhor ir até lá do que telefonar para Happy ou Rico, já que devo mil dólares a cada um deles.

Eu vou. Saio do apartamento, pego o elevador e estou na Sétima Avenida, onde me enfio rapidamente numa bodega e vou até o caixa eletrônico. Tenho menos de duzentos dólares na minha conta-corrente, mas três cartões de crédito com limites distintos para saque em dinheiro. Lembro vagamente de ter escolhido um código PIN para pelo menos um deles. Estou quase dançando quando vasculho minha carteira em busca dos cartões de crédito. Tento um deles e digito o código do meu cartão de débito, mas não funciona. Tento outro, e o resultado é o mesmo. Tento o terceiro, e mais uma vez não tenho sorte. Então volto ao primeiro e experimento combinações do código PIN do cartão de débito. Substituo os dois últimos números por zeros e... BINGO!!! — funciona. Saco quatrocentos dólares e estou elétrico com a expectativa de ficar doidão. Faz tanto tempo. Saio correndo para a Sétima Avenida e um táxi para imediatamente. Entro no carro e me dou conta de que em algum momento, na varanda ou logo depois, deixei o mundo em que vivia e entrei em outro. Ou melhor, reentrei naquele que esteve me esperando.

Dou o endereço ao taxista e tenho a impressão de ouvi-lo dizer *Não demorou muito*. De imediato, pergunto o que ele disse e ele responde calmamente, com sotaque jamaicano: *Nada, meu amigo, nada*. Chegamos ao endereço de Mark em poucos minutos e, para minha surpresa, o taxímetro registra uma tarifa, que obviamente o taxista está esperando. Pago e ele murmura algo que entendo como *Be God* [seja Deus], mas imagino que esteja querendo dizer *Be good* [comporte-se].

Estou diante da porta. A mesma porta em que estive dezenas e dezenas de vezes. Olhando para o mesmo interfone e com as mesmas esperanças: que Mark esteja em casa e que Mark tenha drogas. Qualquer hesitação que eu tenha tido diante do desejo que senti na varanda, há menos de uma hora, desapareceu. Estou animado e impaciente diante da porta, como se algo maravilhoso estivesse me esperando do outro lado. Nada dos últimos meses, nada da ruína e do mal-estar que o vício me causou está presente neste momento. Ou, se está, não passa de um débil aborrecimento que, junto com as outras preocupações, está sendo ignorado. O mundo e sua desgraça existem deste lado da porta, onde estou agora; o lugar para se esconder de tudo isso é o outro, para onde estou indo. Aperto o botão e em segundos ouço a voz de Mark, metálica e alta através do interfone. *Quem é?*, ele guincha e, antes que eu diga meu nome, a porta se abre com um zumbido.

Um dia

É num início de tarde, dois dias depois de eu ter ido ao apartamento de Mark, quando volto para casa. Benny ficou sem comer por quase três dias, e quando abro a porta ela está miando desesperadamente. De imediato, abro uma lata de comida para gato, ponho água em seu prato seco e tento acariciá-la, mas ela morde minhas mãos e se afasta rápido. Ponho meu celular, que está sem bateria, para recarregar, e sei que ele estará cheio de mensagens — de Jack, Asa, Kim, Jean, Dave. Estou faminto. Tiro uma quiche da geladeira e como inteira. Comprei Tylenol PM na bodega aqui embaixo e tomo um punhado deles para amortecer minha queda. Gostaria de vodca ou cerveja, ou de alguma bebida alcoólica, mas mesmo depois de quarenta e oito horas de crack e vodca no apartamento de Mark, a ideia de trazer bebida para cá parece além dos limites. Então o Tylenol PM vai ter que funcionar. Depois de carregar o telefone, ouço as mensagens: três de Kim — uma mais preocupada que a outra —, duas de Dave, para quem Kim ligou porque estava sem notícias de mim, nenhuma de Jack, duas de Asa e uma de Polly.

Polly é alguns anos mais jovem do que eu, mora com sua irmã gêmea, Heather, que é garçonete em uma taverna irlandesa no West Village que serve hambúrguer, bife e torta de frango com legumes. Heather e Polly são viciadas em cocaína. Polly está tentando ficar sóbria, Heather não.

Polly está sóbria há seis ou sete dias. Eu a conheci na primeira reunião na biblioteca com Asa. Quando ergui a mão naquele dia, como Jack havia insistido que eu fizesse, e disse que estava com sessenta dias, Polly acenou para mim do outro lado da sala e sorriu enquanto todo mundo aplaudia. Mais tarde, ela ergueu a mão e contou que tinha medo de que Heather tomasse uma overdose e que era difícil ficar mais do que alguns dias limpa quando o traficante delas continuava entrando e saindo do apartamento o tempo todo.

Uma das coisas mais assustadoras que Polly contou naquele dia foi que uma vez chegou a ficar sóbria por seis anos. Ela e Heather ficaram sóbrias após a faculdade e, então, quatro anos atrás, depois da pós-graduação e de alguns corações partidos, foram morar juntas. Passados três anos, ambas tiveram recaídas. Desde então, nenhuma das duas ficou mais de uma semana sem se drogar.

Polly perdeu o emprego de professora há seis meses e passeia cães para pagar as poucas centenas de dólares da sua parte do aluguel do apartamento que elas dividem na St. Mark's Place. Polly é da minha altura, muito magra, e com frequência usa calças de moletom e camisetas que não parecem ser lavadas. Seu cabelo cai até os ombros, é loiro, sujo e gorduroso, e ela fede a fumaça de cigarro. Tem uma cachorra chamada Essie, uma vira-lata cinza e branca gorda e de porte médio, com quem anda para cima e para baixo pelas ruas secundárias do East Village enquanto fuma sem parar. Suas roupas estão geralmente cobertas de pelo de cachorro.

Minha primeira reação quando ela sorriu para mim na biblioteca foi *Cacete, espero que ela não queira falar comigo depois da reunião*, mas quando ela descreveu, com clareza e simplicidade, como estava desesperada para não usar drogas de novo, mas que temia vir a usar, por um instante misturei as palavras que ela dizia com as que eu estava pensando e acreditei que elas vinham da minha cabeça e não do outro lado da sala. Olhei de novo para aquela mulher esquelética, despenteada e suja, e enquanto ela falava fiquei muito quieto, porque tudo o que ela relatava eu já havia sentido, exatamente da mesma maneira. Quando a reunião terminou, fui o único a ir atrás dela, escada abaixo e pela rua, para pedir seu telefone.

O recado de Polly na caixa postal é curto e simpático: *Ei, não vi você na reunião de ontem e de hoje. Como vão as coisas? Ligue pra mim.* Eu ligo. Ela atende no primeiro toque e diz em tom de professor brincalhão: *Billy, meu garoto, você teve uma recaída?* Eu resmungo algum tipo de sim como resposta. Ela ri. Ri de fato e diz: *Vá a uma reunião, não fique se culpando, é só ir a uma reunião. Não transforme isso num grande acontecimento, simplesmente volte ao bom caminho. E ligue pro seu padrinho.* Escuto Polly como se estivesse ouvindo alguém me explicar como desarmar uma bomba amarrada ao meu tornozelo. *O.k., o.k.,* eu digo, e prometo ligar para ela mais tarde naquela noite.

É quinta-feira à noite e já perdi duas reuniões na biblioteca. Sento na cama e olho pela janela na direção do prédio que um dia foi a Barneys, mas que agora é, de um modo vago e sem sentido para mim, um museu da cultura tibetana. Coisas mudam, coisas permanecem as mesmas, mas eu continuo um viciado. Penso em uma escritora que representei cujo livro agora está na lista dos mais vendidos e coberto de elogios. Ela manteve contato comigo, foi ao centro de reabilitação uma vez para uma caminhada e me levou o primeiro exemplar autografado do livro, mas agora ela se foi e minha relação profissional com o trabalho dela é coisa do passado. Tal como acontece com Kate e Noah, e até mesmo com amigos como Dave e Jean, só consigo vislumbrar a felicidade e o sucesso dela e minha carência das duas coisas. Não imagino que haja conflitos, medos, arrependimentos ou tristezas na vida de nenhum deles. Quando tentei explicar isso a Jack, ele me interrompeu e disse *CHEGA DE AUTOPIEDADE!*, o que, claro, acho humilhante. Também acho estranho que Jack não seja uma das muitas pessoas que deixaram mensagens no meu celular. Tenho certeza de que Kim telefonou para ele, pois já tinha o número dele quando eu estava no hospital.

À medida que o Tylenol PM passa a agir, começo a pensar nas expressões paternalistas de Jack, em suas acusações desdenhosas sobre minha autopiedade e em como ele nunca leva em conta simplesmente o que estou sentindo, o que estou passando. Mas, se não for ele, quem será? Ele é o meu padrinho, não é? Penso em voltar ao apartamento de Mark, mas sei que não haverá droga lá até a noite, quando ele pode ligar para Happy ou Rico. Mark concordou em não contar a Happy que eu estava no quarto quando ele foi levar as drogas duas noites atrás, por causa do dinheiro que lhe devo. Pergunto-me se Mark terá mantido a palavra ou dado um toque a Happy de que voltei à cidade. A preocupação com Happy se mistura a meu crescente ressentimento contra Jack, e num acesso de frustração pego o abajur ao lado da minha cama e o atiro contra a parede. A lâmpada quebra, mas a pequena base de madeira continua intacta. Junto à parede em que joguei o abajur vejo o catálogo das reuniões. Com relutância, pego o livrinho para ver se há alguma no meio da tarde nas proximidades. Não suporto a ideia de atender ao telefonema de ninguém, e não sei o que dizer se isso acontecer. Folheio o catálogo e vejo que há uma reunião dentro de dez minutos a poucas quadras daqui, no centro de gays e lésbicas. Eu vou.

A reunião é pequena, lúgubre e cheia de gays de meia-idade que parecem doentes. Estou quase há dois dias fumando crack e emborcando vodca sem comer nem dormir, então também não pareço muito atraente. A reunião tem um formato rotativo, em que todos devem falar depois que o orador se qualifica, o que significa que ele descreve, durante dez a trinta minutos, como era quando se drogava, como ficou sóbrio e como é agora. Aguento os primeiros dez minutos da qualificação e não consigo suportar a ideia de falar, de ser obrigado a admitir que acabei de ter uma recaída, e não quero esses caras me enchendo depois da reunião com seus números e seus rostos compreensivos. Quero ir embora, e é o que faço.

Telefono para Polly da rua e ela atende imediatamente. *Você foi a uma reunião e disse que teve uma recaída?*, dispara sem nem dizer oi, e eu minto que sim. *Qual?*, ela pergunta desconfiada, e eu lhe conto. *Ligou para o seu padrinho?* Minto de novo que sim. *E o que você vai fazer agora?*, ela pergunta, e a verdade é que não faço ideia. Respondo isso e ela diz: *Bem, vamos conversar*. Não me lembro de tudo o que falamos ao telefone naquela noite, mas lembro de ouvir a história do porre que ela tomou num voo para Dallas, onde após desembarcar se escafedeu do jantar de ensaio de um casamento em que seria uma das damas de honra para ir atrás um ex-namorado. Passou por um bar no caminho e acabou andando no meio dos carros em uma autoestrada fora da cidade e sendo presa. Conto a ela como há apenas três meses fui retirado de um voo para Berlim por estar convencido de que o avião estava cheio de agentes da DEA e ter dito algo bizarro à aeromoça. Conversamos e trocamos histórias de guerra, caminho para oeste pela rua 15, viro para o norte na Oitava Avenida, para leste na rua 16, para o sul na Sétima

Avenida, para oeste na rua 15, dando a volta no quarteirão de novo, e de novo, e de novo. Polly me segura no telefone por muito tempo, e lembro de várias vezes pensar que os traficantes voltariam à ativa em breve e que talvez eu devesse desligar o telefone e ir até o apartamento de Mark. Mas continuo no celular, ando em círculos até ficar exausto e, por fim, volto para casa.

Ligo para Kim naquela noite. Para Dave, Jean e Asa também. A conversa com Dave não dura nem dez segundos e ele diz: *Boa sorte, ligue para Kim*. Está claro que para ele já deu e que não sou mais seu problema. Kim é igualmente breve comigo. Deixo uma mensagem na secretária eletrônica de Jean dizendo que estou bem e que falarei com ela de manhã. Asa e eu conversamos. Tal como aconteceu com Polly, ficamos na linha bastante tempo. Suficiente para eu cair no sono, porque acordo às quatro ou cinco da manhã com as luzes acesas e o celular prensado entre a orelha e o travesseiro. Levanto-me para apagar as luzes e encontro Benny dormindo ao lado da porta. Quero acariciá-la, dizer quanto me arrependo por tê-la deixado sozinha sem comida por mais de dois dias, mas, como temo que ela me morda de novo, deixo-a ali e vou para a cama.

Já passa da uma da tarde quando acordo no dia seguinte. É sexta-feira e perdi a reunião do meio-dia e meia na biblioteca, mas faço café, como cereal, tomo banho, me visto e saio para pegar a reunião das duas. Polly e Asa estão presentes quando entro, mas não reconheço mais ninguém. *Vem cá, craqueiro*, Polly diz, dando tapinhas no assento a seu lado. Ela está vestida com o que parece ser uma calça de pijama. Asa, sardento e imaculado com seu uniforme usual de camiseta polo justa, jeans e cinto colorido, senta do meu outro lado. Nunca me senti tão feliz de ver alguém como esses dois. A reunião começa. Há dois oradores, um com pouco mais de um ano sóbrio e outro com décadas, que falam sobre o início da sobriedade e os primeiros noventa dias. Mais do que nunca eu deveria estar atento, mas não consigo parar de pensar nos quatrocentos dólares que saquei para comprar drogas. Começo a pensar em quanto dinheiro me resta naquele cartão e nos outros. Calculo uns 10 mil e começo a imaginar como poderia montar um estoque de drogas para uma última farra e depois usar a varanda do meu apartamento no 17º andar. Nada de comprimidos desta vez, sem chance de falhar de novo. Polly massageia minha nuca e sinto o cheiro de cigarro que emana de sua roupa. Os oradores continuam falando, um chapéu é passado e se enche de dólares, as pessoas levantam a mão e anunciam suas contagens de dias — vinte e quatro, oitenta e oito, trinta. Os presentes batem palmas. Polly levanta a mão e diz nove ou dez, por aí. Mais palmas. Ela belisca minha perna, ergo minha mão. *Um dia*, digo, e o lugar explode.

A reunião termina e seis ou sete pessoas se aproximam de mim, me dão seus números de telefone e me dizem para ligar a qualquer hora. Noto uma garota morena, baixa e magra, de macacão e cardigã listrado, que acho que conheço de algum lugar. Tenho certeza de que é a namorada intermitente do parceiro de escrita de roteiros de Noah, mas não consigo lembrar seu nome. Ela desaparece pela porta e sobe a escada antes que eu me lembre.

Vou com Polly até a área para cães do Union Square Park e observo Essie trepar com o menor cão que já vi. Ela vagueia lentamente pelo pequeno espaço de terra, mas seu pretendente a acompanha, saltando atrás com suas pernas finas como galhos frágeis. Polly e eu tomamos café e a tarde passa. Ela me conta que foi uma nadadora competitiva na faculdade e, anos depois, se embebedava de cerveja de manhã antes de ir dar aula para crianças do primeiro grau. *Aqui estamos nós, craqueiro*, diz, apontando com a mão direita para a área dos cães e depois, como uma sábia coruja sóbria, acrescenta: *Exatamente onde deveríamos estar.*

Três dias depois, não vejo Polly nas reuniões do meio-dia e meia ou das duas da tarde na biblioteca. Também não aparece na reunião de terça-feira. Não me telefona e os poucos conhecidos que temos em comum não a viram nem têm notícias dela desde sexta-feira passada. Apesar das advertências de Jack de que eu deveria manter distância e não correr atrás dela, fico um tempo diante do prédio em que ela e Heather moram. Ela não aparece. Por fim, na quarta-feira, dá as caras na reunião das duas horas, atrasada, e senta no fundo. Tento captar seu olhar, mas ela mantém os olhos baixos. Parece ainda mais despenteada e esfarrapada do que o habitual, e depois que o orador termina a qualificação ela levanta a mesma mão que seis dias atrás usou para apontar grandiosamente para a área dos cães, para o Union Square, para nossas vidas. *Sou Polly*, murmura. *Tenho um dia.*

As salas

Estou sóbrio há oito dias e Polly há três. Ultimamente temos nos encontrado na reunião do meio-dia e meia, ficamos para a das duas horas e sempre acabamos indo até a área dos cães. Estou me acostumando com o cheiro de urina e merda e não me preocupo mais que algum conhecido me veja. Em geral, sempre as mesmas pessoas estão lá. Algumas idosas e vários passeadores de cães profissionais, como Polly, que vão com dezenas de cães tranquilos, estranhamente obedientes em suas coleiras. E há também os jovens de agasalho esportivo, caros como os do meu amigo Lotto. Nós nos conhecemos no centro de reabilitação de Oregon para onde Noah e Kate me mandaram no ano passado, depois de organizarem uma intervenção com Dave e Kim. Lotto é um garoto rico de Nova York que, aos vinte e dois anos, já esteve em dez ou onze centros de reabilitação e em dois internatos terapêuticos, lugares que eu não sabia que existiam até conhecê-lo. Ele usa agasalhos esportivos da Adidas ou do tipo brilhante e felpudo, com zíperes e logotipos extravagantes, desses que parecem comprados em resorts luxuosos. De acordo com a última mensagem que me enviou, Lotto está no Betty Ford Center, na Califórnia, e já teve duas ou três recaídas desde que voltou de Oregon para Nova York. Esses caras no parque dos cães me lembram dele, são apenas mais velhos — vinte e sete, vinte e oito, talvez trinta anos. Imagino que cheiram pó toda noite e à tarde saem aos tropeções para levar seus cães ao banheiro. Com olhos injetados de sangue e recipientes de café tamanho jumbo da Dean & DeLuca ou da Starbucks, eles ficam mandando mensagens e falando no celular, e os imagino comprando sacos de drogas para a próxima noite. Eu me pergunto quem vive assim — cães caros, bons cortes de cabelo, tênis novos, corpos malhados, telefones sofisticados, agasalhos esportivos. Quem, além de gente como eu e Polly, que se destruiu e está tentando ficar sóbrio, pode passar o tempo em uma área para cães às três da tarde de um dia de semana? Traficantes? Nenhum dos meus traficantes era branco. Mas isso não significa que esses caras não estejam traficando. Talvez sejam um pouco mais velhos do que Lotto e suas famílias cortaram relações com eles, então traficam drogas para continuarem a usá-las. O tempo de vida desse tipo de garoto rico traficante/ usuário que está ficando mais velho deve ser curto, penso, enquanto os observo se afastar para os bancos mais distantes da área dos cães, sussurrando em seus celulares. Tento me lembrar de histórias das reuniões, que Polly, Asa e ultimamente eu chamamos de *as salas*, para ajustar a esse perfil, mas não me ocorre nada.

Minha cabeça gira em torno dessas possibilidades, mas não as compartilho com Polly, por temer que a especulação sobre traficantes e uso de drogas possa incitá-la. Falamos muito sobre Heather — ela está começando a injetar cocaína, está faltando ao trabalho e sendo advertida. *Ela vai perder o emprego, ser presa ou morrer*, Polly diz enquanto exala uma nuvem gigante de fumaça de cigarro. *Toda vez que me viro, há um traficante na sala e um saco de cocaína na mesa de centro*. Com cuidado, para não parecer intrometido, ofereço-me para ajudar Polly a procurar um centro de reabilitação ou um novo apartamento para ficar, pelo menos até que ela complete noventa dias. Mas Polly não está pronta para isso. Diz que aceitará minha sugestão se em algum momento parecer necessário ou as coisas se tornarem muito ruins em casa.

Não costumamos ficar na área dos cães mais do que quarenta e cinco minutos, portanto quase todos os dias chego ao apartamento a tempo de ver pelo menos a última metade de *The Oprah Winfrey Show*. Nos últimos programas houve poucas histórias de redenção. Em vez disso, há muito sobre compras e COISAS QUE AMO, como tortas, perfumes e acessórios. Ainda assim, fico hipnotizado pelo programa, que até então nunca tinha visto pra valer. Sinto-me tentado a apressar a saída de Polly da área dos cães para que eu possa assistir ao máximo possível, mas não faço isso. De alguma forma, a exibição do programa às quatro da tarde se assemelha a um grande evento, tem a mesma energia efervescente de quando se assiste a um Oscar ou a um Grammy. Há uma sensação de que o mundo todo está sintonizado ali, e mesmo que o programa seja gravado ele parece ao vivo, como se Oprah revelasse todos os dias alguma coisa terrivelmente importante, que seu público — que parece ser composto de todo mundo — não pode deixar de saber. Mesmo algo tão trivial como o melhor brownie da Nova Inglaterra recebe um tratamento principesco, ou a rosquinha que é uma coisa DO OUTRO MUNDO, o que ela grita bem alto e com uma exultação viril. Seja o que for que ela estiver gritando, eu estou lá. E lamento quando o programa acaba. Há mais comerciais na segunda meia hora, então meus vislumbres do programa são escassos e fico mal-humorado por ele não começar mais tarde. Na primeira vez que volto ao apartamento às quatro da tarde, mal acredito que a parte inicial do programa tenha tão poucos intervalos comerciais.

Mais tarde naquele ano, no outono, Oprah seleciona um livro sobre dependência de drogas para seu clube do livro. A obra foi lançada há alguns anos e na época comecei a lê-la, mas depois parei. Não sei exatamente por que — talvez por já ter leitura e edição demais no meu trabalho —, mas não fui muito além das primeiras vinte e poucas páginas, das quais mal me lembro. Lembro de pensar que o livro tinha uma arrogância machista, mas o estilo — vivo, ágil, fresco — era muito bom. E só. Foi durante uma época em que eu lutava — sem sucesso — para controlar o consumo de drogas e bebida. Ninguém além de Noah sabia que eu fumava crack. Mas esse cara, esse autor, dizia que fumava crack também, e eu estava fascinado por ele ter conseguido ficar sóbrio. Li muitas entrevistas com ele quando o livro saiu, me debrucei sobre os artigos em que ele contava sobre a reabilitação, o que tentaram ensinar lá, as ferramentas para a recuperação que sugeriram para ele — os Doze Passos, o apoio de outros alcoólatras e viciados — e como ele rejeitou tudo e confiou em sua força de vontade para sair daquilo. Ao longo dos anos, Noah me implorava para que eu fosse a um centro de reabilitação, mas, assim como esse cara, eu não achava que precisasse do que eles tinham a oferecer. Em todas as suas entrevistas e, mais tarde, no programa da Oprah, ele descrevia com confiança e persuasão como percebeu que podia sair por conta própria, e que não precisou — e continuava sem precisar — de um programa de recuperação. Tudo o que ele descrevia era muito atraente, e a força de vontade que mencionava parecia incrivelmente poderosa. Ele apenas decidiu parar de beber e de se drogar porque, segundo ele, sabia que se não fizesse isso iria morrer. Quando o livro foi publicado, quando ouvi pela primeira vez o que ele tinha a dizer sobre a recuperação, aquilo me pareceu perfeitamente lógico e me identifiquei demais com a crença de que os caminhos comuns para a reabilitação, grupos de Doze Passos e outras irmandades de recuperação não eram para todo mundo. Não para aquele cara. Não para mim. Eu só não tinha feito a minha escolha ainda, raciocinei então, e imaginava que, quando decidisse enfim parar, eu, tanto quanto aquele cara, seria capaz de fazê-lo.

Agora, depois de perder tudo, de ter ido para a reabilitação duas vezes e passados oito dias desde minha última recaída, não consigo me identificar com ele de forma alguma. O que ele descreve parece sobre-humano. Por que é tão fácil para algumas pessoas?, me pergunto. Deve ser porque sou feito de uma matéria pior, concluo, e continuo a acreditar nisso quando vejo Oprah elogiá-lo por ser tão forte. Quando assisto ao programa com o autor naquele outono, ainda estou frequentando três reuniões por dia, não tenho emprego nem obrigações, e observo as pessoas na mesma situação reincidirem como fiz de novo, de novo e outra vez. E esse cara, bem, ele simplesmente decidiu parar de usar drogas. De acordo com seu relato, ele não vai a reuniões, com certeza não a três por dia. Ele é como essas pessoas que não precisam malhar para ter um corpo perfeito. Eu daria qualquer coisa para ser uma delas. Pizza, sorvete, tigelas e tigelas de granola… e barriga de tanquinho. Nada de reuniões, nada de padrinho, nada de irmandades e — puf! — sobriedade a longo prazo. Mas ainda é abril e esse autor só vai aparecer no programa da Oprah em setembro. O livro já é um sucesso antes de Oprah escolhê-lo para seu clube do livro, e de vez em quando, durante a primavera e o verão, ouço pessoas que não querem ir a reuniões ou trabalhar com um padrinho darem o livro como exemplo de que é possível se manter limpo por conta própria, sem ajuda, através de pura força de vontade.

Oito dias sóbrio e prestes a terminar minha quarta tigela de granola ao fim do programa da Oprah, minha força de vontade não está se sentindo tão poderosa. Penso em faltar na reunião das seis horas na Meeting House — um encontro noturno parecido com o da biblioteca que frequento na maior parte dos dias de semana — e ir ao apartamento de Mark me drogar. Em um instante o pensamento fugaz se transforma na fantasia completa, e um segundo depois se torna uma obsessão totalmente articulada de ir ao apartamento de Mark, chamar um traficante, encher um cachimbo e inalar a primeira dose. O telefone toca — é meu pai —, e, enquanto deixo tocar mais algumas vezes até cair na caixa postal, o encanto se rompe por tempo suficiente para eu sair correndo até a Meeting House, a poucas quadras de distância. A reunião só começa daqui a uma hora, então telefono para Kim, Polly e Jack até que as portas se abram. Não consigo entender por que ainda quero usar drogas. Não consigo entender por que tenho tão poucas defesas contra ir em frente depois que a ideia surge em minha cabeça. Conheço as consequências, sei que logo depois vai se transformar em um desespero paranoico, mesmo assim fumar crack ainda me parece uma boa ideia. É uma loucura, penso, e não pela primeira vez. Sou louco. Será que sou uma dessas pessoas de quem ouço falar nas reuniões que não conseguem ficar sóbrias — um desses casos de pessoas incapazes de ser honestas consigo mesmas? E em que a honestidade consigo mesmo tem a ver com tudo isso?

As portas ainda não abriram e atravesso a rua para não parecer muito desesperado. *O que estou fazendo de errado?*, penso. Estou tentando ficar sóbrio do jeito que Jack me orientou: vou a tantas reuniões quanto posso, ligo para ele todos os dias, faço o que ele me manda fazer e, quando fico inseguro ou não consigo falar com ele, ligo para outros viciados e alcoólatras em recuperação. O que estou fazendo exatamente agora. MAS NINGUÉM ATENDE A PORRA DO TELEFONE! Encosto num prédio do outro lado da Meeting House, tento me acalmar e repasso as últimas semanas. Em pouco tempo meus dias se tornaram previsíveis: acordar, dar comida para Benny, academia; reunião ao meio-dia e meia na biblioteca, à qual chego mais cedo porque é muito mais concorrida do que a das duas horas; uma pequena pausa para um café e volto correndo para a reunião das duas. O encontro do meio-dia e meia, repleto de tipos de escritório bem-vestidos encaixando a reunião no horário de almoço de seu dia de trabalho, tem uma potência bem maior do que o das duas horas, que é menor e frequentado por uma mistura de desempregados, sóbrios recentes contando os dias, artistas, atores, escritores, garçons de turnos da noite e outros trabalhadores com horários flexíveis. Algumas das pessoas mais articuladas, persuasivas e carismáticas que já encontrei vão na reunião do meio-dia e meia. A única coisa que faço nessa hora é compartilhar minha contagem de dias. As mesmas pessoas tendem a ser encorajadoras depois da reunião: Rafe, um dos superoradores, é uma delas. É supersóbrio, superextrovertido e supergay. *Que bom ver você, Bill, venha sempre*, ele diz com sua entonação particular, pondo uma ênfase de cumplicidade na palavra *Bill*. Lá também está Madge, uma ex-garota do rock intelectual do Max's Kansas City, com um tapa-olho, um corte de cabelo à Jane Fonda em *Klute, o passado condena*, e uma voz de lixa e cascalho moldada tanto pelas regalias do Upper East Side e de Martha's Vineyard como pelas drogas e milhares de horas passadas no underground urbano enfumaçado de Nova York. Madge é a matriarca não oficial da biblioteca e, quando ergue a mão — como uma líder rebelde prestes a informar seus leais combatentes sobre seu projeto para o próximo ataque —, sempre recebe a palavra. Ela tem uma dúzia de afilhados, uma lucidez afiada e uma aura de tranquilidade tão acolhedora quanto assustadora. Madge não fala tanto comigo, mas sempre sorri, acena com a cabeça na minha direção e pisca o olho destapado para sinalizar que está observando e ao meu lado. Pam, de uma geração mais velha do que Madge, trabalhou com moda nos anos 1970 e passou tanto tempo no Studio 54 quanto Madge no Max's. Embora sua época seja a dos anos 70 e 80, Pam tem um clima suave estilo anos 60. Muitas de suas frases começam com *Ah, querido*. Seus vícios eram álcool e comprimidos, e o que a deixou sóbria foram seus dois filhos, que estiveram prestes a ser retirados de sua guarda pelo Serviço Social. Pam, Rafe e Madge estão sóbrios há muitos anos, mas por causa de seus horários — Rafe é nutricionista e professor de canto, Madge é conselheira ou algo assim, e Pam é freelance na área de publicidade de moda — todos frequentam a reunião do meio-dia e meia e/ ou das duas, todos os dias. Encaro-os como as "crianças mais velhas" do grupo e sinto-me ao mesmo tempo intimidado e confortado por eles. Costumo ver Asa ao meio-dia e meia e faço questão de sentar perto dele. Seu horário de aulas lhe permite ir às reuniões no meio do dia. Às vezes ele me encontra na Meeting House à noite, e depois quase sempre vamos a um café na avenida Greenwich ou jantar na Sétima Avenida com a rua 15, perto do meu apartamento.

Quando olho para Asa e Madge, fico espantado que pessoas sóbrias há tanto tempo, bem-sucedidas e felizes ainda se deem ao trabalho de ir a tantas reuniões. Elas parecem ter vencido. Penso em minha vida quando estava trabalhando e não consigo imaginar como teria sido possível encaixar tanta recuperação na agenda como eles fazem. Havia alguma pessoa sóbria nas editoras de livros? Não me lembro de ninguém. Esse mundo parece definitivamente fechado para mim agora, mas, mesmo que não estivesse, acho que talvez não seja um ramo em que se possa permanecer sóbrio. Eu não consegui. Quando voltei da reabilitação em Oregon um ano atrás, ia a uma reunião por semana; de alguma forma não soube lidar com aquilo e acabei não indo a mais nenhuma. Eu tinha um padrinho, mas ele queria me encontrar todas as semanas e que eu lhe telefonasse todos os dias — como Jack faz agora. Eu estava ocupado e acreditava que as pessoas que precisavam de tantas reuniões e telefonemas eram ou solitárias ou subempregadas. Naquele período, nunca compartilhei ou levantei a mão em reuniões, nunca conheci outra pessoa além do padrinho que meu centro de reabilitação me arranjou quando voltei à cidade. Quando conto a Jack sobre a tentativa de ficar sóbrio há um ano, ele diz: *Parece EU contra ELES e nunca NÓS, e a única maneira de ficar e permanecer sóbrio é quando você se torna NÓS.* Ele também me diz que ficar e permanecer sóbrio — mesmo depois de noventa dias — deve ser para sempre minha primeira prioridade; que acabarei perdendo qualquer outra coisa que eu colocar na frente disso. *Carreira, família, namorado: tudo isso você vai perder. No seu caso, perder de novo.* Ele me diz essas coisas pela primeira vez quando me visita em White Plains, e embora suas palavras sejam tão simples e básicas quanto uma caixa de lápis de cor para uma criança, não faço ideia do que ele esteja dizendo.

Enquanto ando de lá para cá me martirizando em frente à Meeting House e observo moradores do Chelsea com seus ternos impecáveis e brilhantes voltando correndo do trabalho para casa, dou-me conta de novo, como aconteceu mais de uma vez ao longo das últimas semanas, que não sou qualificado para absolutamente nada. Não tenho sequer experiência em restaurante, exceto pelos quatro dias em que trabalhei como garçom em Connecticut depois de ter sido expulso da escola por acionar extintores de incêndio junto com meus colegas em uma baderna em que estávamos todos bêbados. Fui demitido no quarto dia de trabalho por falta de foco e por deixar cair muitos pratos. Penso em toda a maconha que eu fumava naquela época — de manhã até a noite — e me pergunto como fui capaz de rastejar para fora da névoa e arranjar um trabalho, ir ou chegar a algum lugar.

Não possuo nenhuma experiência no varejo, nenhum talento rentável. Lembro de um colega no meu primeiro emprego em Nova York que fez cursos de redação publicitária na Learning Annex, deixou o mercado editorial e se tornou um bem-sucedido executivo do ramo publicitário. Mas ele era um cara brilhante, excepcionalmente brilhante, e aquele mundo exigiria, imagino, passar a conversa em possíveis clientes, captar novos negócios durante jantares e drinques, e sem a bebida para me ajudar a ir em frente isso não me parece possível. Uma pós-graduação de qualquer tipo seria uma maneira decente de postergar o futuro, mas com que dinheiro? Como eu poderia obter empréstimos estudantis se já tenho uma dívida enorme e crescente com o centro de reabilitação, com despesas legais e os cartões de crédito? Sem falar que meu histórico escolar é uma bagunça salpicada de notas medíocres e cursos de verão na Universidade de Connecticut para compensar o semestre que perdi quando fui expulso. Que escola de pós-graduação me aceitaria?

O zelador da Meeting House ainda não apareceu para abrir as portas. Deixei mensagens em todos os lugares e ninguém respondeu ainda. A reunião começa daqui a meia hora, e, como minhas perspectivas futuras parecem cada vez menos atraentes, penso novamente em ir ao apartamento de Mark. É fim de dia, Mark sem dúvida está pronto para se chapar e os traficantes prestes a ligar seus celulares. *Foda-se*, digo, e começo a andar pela rua 16, para longe da Meeting House, em direção à Sexta Avenida, ao apartamento de Mark. Sinto a adrenalina correr pelas veias, e as nuvens sinistras do meu futuro sem futuro começam a se afastar. Assim que me aproximo da Sexta Avenida vejo alguém no lado norte da rua 16 acenando para mim. É Asa. Todo arrumado e nos trinques, vem direto na minha direção. *Está indo para a reunião?*, ele gorjeia, e não consigo responder. Ele parece especialmente engomado em seu uniforme de sempre. *O que está acontecendo?*, pergunta, e, enquanto me esforço para inventar alguma coisa e me afastar dele, Asa põe a mão sardenta em meu braço e diz: *Certo, vamos lá.*

Quando chegamos à Meeting House, a porta já está aberta e alguém lá dentro faz café. O cheiro de escola empoeirada misturado ao aroma de café barato recém-passado funciona como um antídoto para a adrenalina pré-droga de minutos antes. A obsessão desaparece tão rapidamente quanto havia chegado, e, enquanto observo Asa ajudar o velho que está montando a reunião a levar um banco para a parede mais distante, me dou conta de como estive perto de reincidir e de que foi um milagre Asa ter se materializado naquele exato momento. *Meu Deus, estou doente*, penso. Ao contrário das pessoas que conseguem ficar sóbrias através da força de vontade, preciso de café barato, salões paroquiais, intervenções casuais na calçada e passeadoras de cães reincidentes na cocaína. Porém o mais desanimador é que todas essas coisas, e outras mais — Jack, Polly, Madge, Asa, a biblioteca, minha família, os amigos que restaram, as estarrecedoras perdas e humilhações dos últimos meses, o monte de gente que magoei —, ainda são insuficientes, ao que parece, para me manter limpo.

As pessoas vêm do trabalho, a maioria funcionários de escritório que não podem frequentar reuniões do meio-dia como a da biblioteca. Eles começam a ocupar as cadeiras e os bancos da sala grande que, dependendo da hora, se transforma em casa de reunião *quaker*, estúdio de dança e espaço de encontro de outros programas de recuperação. Chiques, faladoras, confiantes, essas pessoas parecem estar a quilômetros de distância das lutas que provavelmente as trouxeram aqui. *Como diabos conseguiram isso?*, me pergunto, enquanto me lembro de como estive perto de comprar droga. Se Asa não tivesse me arrancado da rua, agora eu estaria tocando a campainha do apartamento de Mark. Bem neste momento estaria esperando ele abrir a porta e me entregar um cachimbo de crack. Foi apenas Asa que me impediu de me drogar há poucos minutos.

Olho em volta, de rosto sóbrio em rosto sóbrio, e novamente me pergunto como essas pessoas encontraram o seu caminho. Como vou encontrar o meu? Sinto que apenas estar aqui e em lugares como este não será suficiente. Estou na sala, mas não pertenço a ela. Estou presente, mas não como parte dela. A salvo por algum tempo, mas não sóbrio. Não mesmo. Venho a essas reuniões como um mendigo e sou alimentado, sim, e até mesmo tirado da rua, como fui hoje. Está claro que alguma coisa além da minha própria necessidade e capacidade de pedir ajuda me manterá aqui, me envolverá no que está acontecendo, me conectará com alguma coisa maior do que o meu vício e me dará uma chance de me manter limpo e continuar a vida. Mas o quê?

A reunião começa. Quando a cesta passa e as pessoas jogam suas cédulas, ergo a mão e digo que estou sóbrio há oito dias, e enquanto faço isso sei que não hoje, e provavelmente não esta noite, mas em algum momento em breve vou comprar drogas. Não sei o que vou fazer da minha vida, se voltarei a ter um emprego em período integral, outro amor, onde vou morar, ou até mesmo se vou sobreviver, mas sei que usarei drogas de novo. Isso eu sei.

Tesouro de mãe

Meus pais se divorciaram no ano em que me mudei para Nova York. Aos meus vinte e um anos, eles vendem a casa no fundo do bosque em Connecticut onde cresci e se mudam para New Hampshire. Vão para lá a fim de salvar o casamento, mas nem bem se instalam e tudo desmorona. É minha mãe que finalmente vai embora, depois de anos ameaçando, e em sua fuga de volta para Connecticut, enquanto meu pai cancela cartões de crédito e lhe torna as contas bancárias inacessíveis, ela, de algum modo, põe as mãos em uma pequena pilha de prata — lingotes e moedas que os dois haviam comprado como investimento décadas antes.

Alguns anos depois de o divórcio estar finalizado, minha mãe pede que eu venda a prata na cidade para ela. Na época, o mercado de metais preciosos está em baixa e decidimos esperar e vender depois. A prata repousa no fundo do meu armário durante anos em uma velha mochila de náilon vermelha e azul que adquiri na Escócia em meu semestre de faculdade no exterior. Ela pergunta sobre a prata de vez em quando, mas ou estou muito ocupado, ou não é o momento certo para vender. Por fim, ela para de perguntar. O mercado sobe e despenca dezenas de vezes, enquanto a prata repousa, intacta e invisível, nos armários dos apartamentos por onde passo: em Midtown, Upper East Side, Chelsea e Greenwich Village. Cada vez que me mudo, a prata se muda. Esqueço da existência dela até arrumar minhas coisas para sair do Número Um e ver minha velha e familiar mochila. De início, não lembro o que ela guarda, mas noto que é incrivelmente pesada quando a puxo da prateleira do armário do corredor. Ela vai junto com as minhas coisas para o estúdio na rua 15, é enfiada no fundo de outro armário, e lá fica.

Enquanto isso, meus oito dias se tornam onze, os quatro de Polly, sete e depois — quando ela se junta a Heather numa longa e enlouquecida noite de cocaína — um. Erguemos nossas mãos na biblioteca, declaramos nossos dias; as pessoas batem palmas, incentivam e nos passam seus números de telefone. Minha rotina se calcifica: acordar, dar comida para Benny, longa malhação na academia, reuniões na biblioteca ao meio-dia e meia e às duas horas, área dos cães com Polly, Oprah, Meeting House às seis, jantar com Asa ou alguém da reunião e telefonar para Jack, Kim, Asa, Jean e Polly no meio, antes e depois. Uma ou duas vezes por semana encontro Dave, Jean, ou Cy para jantar ou para assistir a algum filme, mas Jack me advertiu do perigo de me afastar demais do redil de recuperação até eu completar os noventa dias. Jean manda sacolas de comida pelo menos uma vez por semana e quando nos encontramos pergunta se gostei disso ou daquilo e se eu gostaria de alguma coisa em especial. Nunca terei muito mais a responder do que *Obrigado*.

Aos sábados há uma reunião às dez e meia da manhã à qual vão muitas pessoas da biblioteca, e à noite um grande grupo gay ao qual, que Deus me ajude, eu também vou, porque Asa frequenta.

Garotos esqueléticos com cintos brancos infestam essa reunião. Rafe também costuma estar presente, sempre diz *Bill* em seu tom único e me observa com seu olhar de raio laser, deixando claro que me vê com muito mais clareza do que eu me vejo. A maioria desses caras fala sobre clubes de dança e Fire Island, são todos jovens, bonitos e magros, e eu não pertenço à turma deles. Sinto-me tosco, desajeitado e desalinhado, e presto atenção somente nas diferenças de suas histórias, não nas semelhanças. Sou gay, mas nesse lugar sinto como se houvesse um manual para gays abarcando tudo, desde roupas, penteados e gírias até hábitos para comer, beber e usar drogas, e todos na sala o seguem, exceto eu. Certa noite, ao telefone, falo sobre isso para Jack e ele me pergunta se houve outras experiências, outras vezes, em que me senti como se nunca tivesse lido o manual. Quando penso no colégio, na faculdade, no mercado editorial, e até mesmo em antros de crack — todos os mundos em que entrei —, percebo que me sentia exatamente da mesma forma: que havia um conjunto de regras, um tipo de cartilha que todo mundo havia lido e compreendido, mas que eu nunca tinha visto. Tal como muitas das minhas preocupações, Jack me diz, essa sensação — e até mesmo o uso da palavra "manual" — é um dos sentimentos fundamentais da maioria dos alcoólatras e viciados. Mais uma vez, sinto-me de algum modo aliviado, mas também humilhado e aborrecido, porque quase tudo de que reclamo ele é capaz de rotular e situar dentro tanto da sua experiência pessoal como da vasta população de alcoólatras e viciados. *Você é apenas mais um viciado como tantos outros*, ele me diz mais uma vez e se despede.

Em uma das reuniões gays, encontro, ou reencontro, um cara chamado Luke, com quem estive algumas vezes junto com amigos comuns ao longo dos anos e que, para minha surpresa, está sóbrio. Ele é roteirista, tem a minha idade, um namorado sóbrio e histórias sobre o uso de drogas que me fazem desejar que tivéssemos nos chapado juntos pelo menos algumas vezes. Sinto como se ele fosse da família desde o momento em que restabelecemos o contato, e, embora ele esteja sóbrio há apenas um ano e meio, parece uma das "crianças mais velhas", como Madge, Rafe e Pam. Luke estudou na mesma faculdade de Noah, e se conhecem vagamente. Os amigos em comum, a ligação com Noah e as histórias semelhantes sobre drogas fazem de Luke uma das poucas pessoas das salas a criar uma ponte entre a minha vida antiga e a nova. As demais estão a um mundo de distância da área editorial e da minha vida com Noah, o que geralmente é um alívio mas, às vezes, quando tento contar detalhes da vida que levava e arruinei para pessoas como Polly e Asa, pode ser frustrante. Quando tento explicar essa frustração a Jack, ele apenas ri e diz: *Querido, continue vindo* (expressão que, tirando o *querido*, as pessoas usam nas salas, em geral quando quem conta os dias ergue a mão para compartilhar).

Então. A prata. Ela está lá. Topo com ela algumas vezes quando puxo sapatos da prateleira superior do armário, ou esbarro nela quando estou guardando um cobertor ou uma caixa. Isso é da minha mãe, relembro sempre, não meu. Tenho uns poucos milhares de dólares na minha conta, dinheiro que resta do pagamento de um empréstimo que fiz a uma ex-cliente no ano passado para cobrir uma dívida fiscal inesperada. Kim contatou a ex-cliente quando eu estava no Lenox Hill e, milagrosamente, grande parte do dinheiro se materializou para o depósito necessário à reabilitação. Apenas na última semana Kim transferiu o restante do dinheiro — pouco mais de 2 mil dólares — para a minha conta-corrente.

Depois do depósito para o centro de reabilitação (que corresponde a menos de um quarto do total da conta, que eles concordaram em me deixar pagar a longo prazo), a outra grande despesa é o apartamento. O depósito para o apartamento e para a taxa do corretor vieram do dinheiro que pedi emprestado a Elliot — um cara com quem tive um caso há alguns anos e que se tornou meu amigo. Ele morava com o ex-namorado a poucos quarteirões do Número Um; os dois haviam rompido anos antes. O caso é curto, regado a bebida e termina semanas depois de seu início, num fim de semana em que Noah está fora. Depois, nos tornamos amigos e nos encontramos para jantar de vez em quando. Não vejo muito Elliot nos seis meses antes da minha recaída, mas depois que vou para White Plains ele é uma das poucas pessoas, além de Jean, que me visitam regularmente. Vem nos fins de semana jogar tênis nos pisos de asfalto rachado cheios de ervas daninhas que se passam por quadras. Jogamos um pouco e caminhamos por ali. Não falamos muito, mas a distração do jogo e o clima tranquilo entre nós são uma trégua bem-vinda aos pensamentos torturantes sobre minha história recente e meu futuro próximo demais. Elliot sempre chega com raquetes de tênis na mão e pouca menção ou julgamento do caminho escuro que me trouxe até aqui. Elliot tem exatamente a minha idade, exatamente a minha altura, traços e cor semelhantes, mas uma sinceridade e desenvoltura invejáveis, típicas do centro-oeste, que eu não possuo. Elliot dirige uma organização sem fins lucrativos altamente respeitada, não temos quase ninguém em comum, e, além de Dave, Jean, Julia e Cy, ele é um dos meus poucos amigos remanescentes. Minha vida outrora cheia de gente se reduziu a alguns desgarrados que insistem em ficar. Elliot é um deles.

Portanto Elliot me empresta o dinheiro para o aluguel do primeiro mês, para o depósito e para a taxa do corretor. Peço-lhe porque, antes de eu voltar a Nova York, ele se ofereceu para me emprestar dinheiro, se eu precisasse. Um último resquício de vaidade me impediu de falar dos meus problemas financeiros, mas ele obviamente consegue detectar problemas. No momento em que faz a oferta, pedir dinheiro a Elliot me parece fora de questão, mas semanas depois ele será a única pessoa para quem acho que posso pedir. Não posso pedir mais um favor ou ajuda a Dave, pois ele já está no limite, e não posso arriscar perder a amizade de Jean, especialmente agora que me restam tão poucas pessoas. Tenho um pressentimento forte de que se eu lhe pedisse, seria o fim. O dinheiro dela, imagino, deve ser um elefante familiar na sala, um animal conhecido roçando a maioria de seus contatos. Agora que estou destruído financeiramente, há uma manada inteira entre nós.

No primeiro dia em que Jean me visita em White Plains, saímos para dar uma volta. Enquanto caminhamos, reclamo que não tenho certeza se posso voltar a Nova York porque não tenho dinheiro; não tenho certeza se posso ficar no centro de reabilitação porque é muito caro; não tenho certeza se vou ter de morar com a minha irmã no Maine; e não tenho certeza se nunca mais vou me livrar da montanha de dívidas que só aumentou desde o dia em que tive a recaída, dois meses antes. Só falo disso porque no momento é tudo em que consigo pensar. Enquanto caminhamos, Jean enrijece e fica quieta. Espanta uma mosca invisível do rosto e não me olha quando pergunto se ela está bem. O elefante está com a pata na garganta dela e de repente me dou conta de que a única maneira de espantá-lo é chamá-lo pelo nome. Em voz alta. Então, deixo escapar algo sobre como estou subitamente pobre, ficando mais pobre a cada segundo, e como isso me apavora. Que vou precisar falar com meus amigos sobre estar aterrorizado — reclamar, gemer, lamentar e chorar por isso constantemente —, e uma vez que ela é uma das minhas poucas amigas, preciso poder falar sobre isso com ela sem que ela pense que estou esperando que ela resolva o problema. *Então me abandone por eu estar sendo entediante, mas não por estar preocupada achando que eu quero que você me socorra financeiramente.* Não me lembro do que ela disse sobre isso, mas me lembro dela rindo alto e que, quando voltamos da caminhada, os elefantes haviam se afastado desajeitadamente.

Então, volto a Nova York, encontro o estúdio da rua 15 e, embora o aluguel seja muito barato, não posso pagá-lo. O proprietário e o corretor precisam do dinheiro. Uma vez que Jean e Dave estão fora de questão, e já que boa parte da minha família está quebrada, peço a Elliot. Pela primeira vez na minha vida adulta peço dinheiro a alguém, e o *sim* de Elliot é tão descomplicado como se eu tivesse pedido uma batata frita do prato dele. Por mais desconfortável que o pedido seja, por mais sombrias que sejam as circunstâncias que me obrigam a pedir, o sim é um milagre. O sim, com toda a sua confiança e generosidade, é como o beijo de Jane na rua perto do Número Um ou como as sacolas de comida de Jean. Ele atravessa a placa de vergonha e me lembra que em algum lugar debaixo do miserável viciado está uma pessoa que merece um gesto de bondade e em quem até vale a pena apostar. Eu não pareço uma boa aposta, isso está muito claro de qualquer ponto de vista, mas quando digo a Elliot que não sei quando poderei pagá-lo, ele apenas responde: *Não estou preocupado. Eu sei que você vai pagar.*

Com o dinheiro de Elliot, pago o aluguel de maio. Não faço ideia de onde virá o de junho. Estou sóbrio há onze dias, tenho 2 mil dólares no banco e, faltando menos de duas semanas para o vencimento do aluguel do próximo mês, me lembro da prata. Claro, *a prata*. Venderei a prata, pagarei pelo menos o aluguel de junho e julho e algum dia, de algum jeito, devolverei o dinheiro a minha mãe. Naquela noite, no café depois da Meeting House, pergunto a Luke se ele conhece algum lugar que compre prata e ele me fala de um sujeito na rua 25, entre a Sexta Avenida e a Broadway. Assim que menciona o endereço, sinto um aperto no estômago: fica em uma das zonas de gatilhos estabelecidas por Jack, apenas algumas portas adiante do prédio onde ficava a agência literária. Não digo nada a Luke, mas a caminho de casa penso em não contar a Jack e simplesmente ir em frente com aquilo.

No dia seguinte, pego minha pequena mochila azul e vermelha e subo a Sexta. A loja é um misto de casa de penhores e showroom de tapetes. É enorme e escura, com pilhas de tapete gigantescas sobre o piso empoeirado e clorofitos definhando na vitrine. Enquanto espero alguém surgir de trás das pilhas de tapete para me atender, imagino quantas salas invisíveis como esta existem na cidade, espaços atrás de portas diante das quais passarei mil vezes sem jamais vê-los. Desde que voltei fiquei espantado com o pouco que eu notava antes. Ruas pelas quais passei durante dez anos sem nunca enxergar o que havia nelas: palacetes cor-de-rosa, sinagogas do século XVIII, lojas de cerâmica, maçanetas espetaculares, livrarias italianas. Como acontecia com tanta coisa, eu não conhecia quase nada fora do meu caminho estreito ou do meu mundinho limitado. E existem tantos mundos — moda, universidades, imóveis, dança, educação, combate a incêndios, finanças, publicidade —, cada um deles se achando, imagino, o centro do universo. Todos esses mundos separados e autossuficientes, compondo cidades inteiras dentro da cidade, fluindo uns ao lado dos outros, invisíveis uns aos outros. *Como isso só está me ocorrendo agora?*, me pergunto. Minha vida e o mundo em que ela se passava parecem pequenos agora. O que conheço: editoras de livros; restaurantes que servem vodca; traficantes de crack e antros de crack. Livrarias; agências literárias; salas de editores e escritores, forradas com tapetes e abarrotadas de livros; apartamentos lúgubres onde as pessoas fumam até se transformar em sombras trêmulas; tudo isso eu conheço. E agora há as salas das reuniões aonde vou todos os dias e os restaurantes e cafés que frequentamos em grupo depois. Mas isso é apenas a ponta do iceberg. Há as salas para viciados em sexo e viciados em metanfetamina e devedores, e salas para todas as pessoas que amam esse tipo de gente — todo um império de salas que se enchem regularmente a todas as horas de todos os dias, sem que ninguém pague ou seja pago para estar lá. Cidades invisíveis, salas invisíveis pelas quais passamos até que, por desespero, desejo ou ultimato, nos são reveladas. Como esta sala — uma caverna empoeirada com clorofitos, tapetes persas e, agora, uma mochila cheia de prata.

Um homem de meia-idade, barba aparada, pele escura e uma voz clara e melodiosa aparece, diz olá e se dispõe a me atender. Eu desempacoto a prata e, depois de inspecionar cada lingote e cada moeda, ele pega uma calculadora e começa a teclar com elegância. Passados um ou dois minutos, vira o rosto para mim e em sua tela há um número acima de 6 mil dólares. Quase três meses de aluguel, calculo, e de imediato, sem hesitar, eu digo: *Fechado*.

Depois que ele preenche lentamente um recibo detalhado e me dá um cheque, corro para a agência do Chase mais próxima — na esquina da Sexta Avenida com a rua 23 — e o deposito na minha conta-corrente. Vou ao guichê em vez de a um caixa eletrônico, acreditando que assim o dinheiro vai entrar mais rápido na minha conta. Entrego o cheque, pego meu segundo recibo do dia e dirijo-me à porta. Entro no pequeno vestíbulo que separa a rua do interior do banco. Já estive aqui antes, centenas de vezes — é a agência onde Kate e eu abrimos a conta da nossa empresa e as contas fiduciárias dos clientes —, mas de repente me lembro da última vez, mais de dois meses atrás, no auge da farra que iria acabar na sala de emergência do Lenox Hill. Lembro que minhas drogas tinham acabado e que eu havia ultrapassado o limite diário de saque no caixa eletrônico, então, com o passaporte e o cartão de débito na mão, vim correndo para esta agência. Azedo devido a muitas noites sem dormir e a caminho da depressão por estar há mais de uma hora sem uma dose, saquei 3 mil dólares, enfiei no bolso frontal superior da minha jaqueta Arcteryx preta e segui em direção à porta. Na pressa, não percebi que o zíper no fundo do bolso estava aberto e, quando passei do interior da agência para o vestíbulo, o dinheiro caiu da jaqueta. Com o vento que entrava pelas portas de ambos os lados, as cédulas voaram por toda parte. Notas de cem dólares, principalmente. Lembro que, por um momento, aquilo não pareceu real e fiquei hipnotizado. Parecia um desses programas de tevê em que as pessoas são postas em uma câmara cheia de dinheiro soprado pelo vento e têm trinta segundos para pegar o máximo que puderem. Quando vi uma nota de cem dólares escapar voando para a rua, acordei imediatamente.

Dois meses depois, neste mesmo lugar, visualizo minha figura magra, destruída e desesperada, lutando para recolher um vendaval de cédulas. Lembro-me do suor que escorria pelo meu rosto e das rajadas de ar frio vindas da rua. Lembro-me de um cara usando capacete para ciclismo e duas jovens me ajudando a recolher o dinheiro. Lembro-me de guardar o maço de cédulas de volta no mesmo bolso e de elas caírem novamente, mas dessa vez o cara de capacete salta sobre o dinheiro e impede que as notas voem. *Você está bem?*, ele me pergunta em dúvida e, enquanto verifico os fechos da jaqueta, noto manchas pretas nas minhas mãos, de tanto raspar peneiras de arame carbonizadas, bolhas por causa de queimaduras de isqueiros e muitas cicatrizes dos arranhões e cortes provocados por dezenas de cachimbos de vidro quebrados. Enfio o dinheiro no bolso da jaqueta outra vez, escondo as mãos nos jeans e, sem saber como reagir, corro para a rua.

Tento lembrar em que lugar do vestíbulo eu estava naquele dia e quanto tempo levei para apanhar as notas. As pessoas — agora com roupas de fim de primavera, e não empacotadas para o inverno como estavam então — entram e saem do banco passando por mim, e tento imaginar uma delas deixando cair 3 mil dólares em cédulas. Duas vezes seguidas. Tento imaginar o que eu faria e como reagiria. Como é que não fui preso? Parece uma coisa tão caricatural e improvável, tão distante.

Mais distante ainda é a lembrança de Kate e eu nos encontrando neste mesmo espaço, antes de sentarmos com um funcionário do banco para abrirmos as contas de que precisávamos para inaugurar a agência. Há quantos anos foi isso? Quatro? Cinco? Três? Não consigo lembrar, e não consigo nos visualizar naquele momento. É demasiado doloroso ou faz tempo demais, mas de qualquer forma alcanço pelo menos as bordas daquele dia, o ar conspiratório, o entusiasmo e a confiança que havia entre nós. A esperança.

Deixo a máquina do tempo do pequeno vestíbulo do banco e saio para a tarde quente. São quase três da tarde e tenho três horas para matar antes da reunião das seis na Meeting House. Estou com fome e exausto e penso foda-se, a Meeting House pode sobreviver com um viciado a menos esta noite. Penso nisso apesar de ter combinado de me encontrar com Polly lá. *Não sou uma babá*, digo em voz alta, sentindo que o ímpeto vertiginoso de decidir ignorar a reunião afasta as lembranças pesadas de instantes atrás. *Não sou guardião de ninguém!*, declaro ao vento como um lunático.

Enquanto caminho para casa, me pergunto quanto tempo o cheque vai demorar para ser liberado, quanto tempo levará até que os 6 mil dólares se somem aos 2 mil que já estão na conta e totalizem oito. Oito mil parece uma quantia enorme de dinheiro. Mais de três meses de aluguel. O apartamento estaria coberto até o outono, e com as sacolas de comida de Jean ficarei bem até depois de outubro. O banco é na esquina da rua 23 com a Sexta Avenida. Meu apartamento é na rua 15 com a Sétima Avenida. Em algum lugar ao sul da 20 e ao norte da 16, me lembro de novo daquele dia, dois meses antes, em que saí do banco com 3 mil dólares enfiados na jaqueta, liguei para Rico da rua e disse para ele me encontrar no meu quarto do hotel Gansevoort. Lembro de ele dizer que estava a apenas uma quadra dali, e que meu coração disparou enquanto eu pegava um táxi para chegar lá antes dele. A van dele estava estacionando na frente do hotel quando cheguei de táxi, e pulei direto de um veículo a outro. Do telefonema até o táxi, depois até a van, e depois até o quarto, levei menos de cinco minutos, um recorde, e ainda por cima no meio do dia. Ao relembrar a volta ao quarto de hotel, o monte de drogas, o dinheiro restante na mão e a noite que tinha pela frente, meu coração dispara. Penso de novo nos 2 mil na minha conta. Dois que vão ser oito. Seguindo a lógica dos mil dólares por dia nas noites no Gansevoort, três meses de aluguel se transformam em oito noites de barato. Oito noites menos os mil que devo a Rico e os mil que devo a Happy. Seis noites de barato. Se eu ligar para um deles agora e pagar o que devo, ainda terei mil em dinheiro para comprar drogas. E não precisarei ir ao apartamento de Mark, como da última vez, e sofrer com seus discursos nervosos e amigos traiçoeiros.

Chego ao meu prédio, entro no saguão e aperto o botão do elevador. Em algum lugar entre o saguão e o 17º andar, três meses de aluguel se tornam sete dígitos. Sete dígitos esquecidos que emergem da memória como um milagre sombrio e que digito no meu celular novo, até então sem nenhum número de telefone de traficante armazenado ou discado. Após alguns toques, Happy atende com uma pergunta: *Quem é?* Eu lhe digo.

———

Happy demora para chegar ao apartamento. No telefone, falo de imediato que tenho o dinheiro que devo a ele e que preciso comprar mil dólares de drogas. Dou-lhe o novo endereço e ele desliga o telefone. São três da tarde e ele só aparece depois das onze da noite. Ligo para ele algumas vezes durante a tarde e a noite, mas ele não atende. Ando pelo estúdio e evito telefonemas de Polly e Jack enquanto espero com os 2 mil dólares que corri de novo ao banco para pegar. Embora oito horas se passem desde o telefonema inicial até ouvi-lo bater na porta do apartamento, não há como voltar atrás. É como se um botão tivesse sido apertado me colocando no piloto automático. Nenhum telefonema, nenhuma reflexão ou consequência imaginada podem me impedir de fazer o que estou prestes a fazer. Só o não aparecimento de Happy pode me impedir de usar e, se ele não aparecer até a meia-noite, já decidi que vou para o apartamento de Mark.

Às onze, ouço uma batida na porta. Lá está ele, com a mesma aparência de sempre: calça de moletom branca, blusão preto com capuz, boné dos Yankees e fones de ouvido enormes ao redor do pescoço. Sem dizer uma palavra, passa por mim, entra no apartamento e olha em volta. *Lugar menor*, diz, com uma voz ao mesmo tempo vazia e repleta de julgamento. *Fiquei me perguntando pra onde você tinha ido*, ele acrescenta, com forte ênfase em *ido*, enquanto lhe entrego o dinheiro, que ele não conta. Tira dez saquinhos e dois cachimbos de vidro do bolso da frente da calça jeans e, ao entregá-los para mim, diz: É *do bom*, e segue em direção à porta. Normalmente duzentos dólares compram dois sacos mais um terceiro de brinde, então eu digo, com toda a cautela: *Não estão faltando cinco?* Ele se limita a responder: *Juros*, sem se virar, antes de abrir a porta e sair para o corredor. Eu o observo ir embora e espero até ouvir o elevador abrir e fechar para ir até a porta e dar duas voltas na chave.

Desde a primeira dose, que encho com a quantidade que um dia serviu para uma noite inteira, há alguma coisa errada. Uma coisa ruim. A droga está com gosto de remédio e, embora eu sinta a pancada de algo explodindo nos pulmões, no coração e no cérebro, não é o barato que eu esperava desde as três da tarde. Depois de soltar uma nuvem enorme de fumaça, acendo e dou outra tragada profunda. E depois outra. Aspiro com tanta força e inalo tão profundamente que na quinta dose o cachimbo explode com o calor excessivo. Estou chapado, mas exatamente onde comecei, ainda aqui e não lá. E *lá* é o único lugar em que quero estar, um lugar para onde nenhuma quantidade dessa fumaça pode me levar. É a droga ou sou eu? Não sei dizer o que está errado, mas alguma coisa está. Ligo para Happy e digo que há algo errado com o que ele me vendeu e pergunto se ele pode trocar os saquinhos. Minto que estou prestes a iniciar um período de muitas encomendas e que este não é um bom lugar para começar. Por volta da uma da manhã, Happy reaparece. Está sorrindo, como se eu tivesse passado em algum teste, e não com raiva, como pensei que estaria. Havia fumado um saco e devolvo os nove restantes. Ele me dá dez novos, que percebo terem cor e textura diferentes. Não diz uma palavra desde o momento em que entra no apartamento até o momento em que vai embora. Falo *obrigado* quando ele sai, depois tranco a porta, pego uma piteira limpa e encho até a borda. Sinto na hora a diferença ao tragar a nova fumaça, e o trem de carga que estive esperando o dia todo finalmente me atinge. Enfim, o mundo se abre e eu caio, deixando tudo e todos para trás por um abençoado segundo. Acomodo-me no sofá e, de olhos fechados, me agarro ao que sei que logo vai acabar. Vai se esvair tão rapidamente como chegou, como sempre faz, e eu sei que vou ficar sentado no sofá por horas, queimando os dedos e enchendo os pulmões para cortejar sua volta. Mas isso nunca acontece. O que acontece é uma inquietação seguida de uma necessidade urgente de sair do apartamento. E o que acontece depois disso são dois caras asiáticos — jovens, descolados, entediados, bonitos — na frente de um prédio branco uma quadra adiante da minha, que parecem estar me esperando. Convido os dois para subir comigo e eles aceitam. Pergunto se querem ficar chapados e eles dizem que sim. Mostro o cachimbo e eles perguntam o que é. Sugiro que experimentem e eles aceitam. Ambos ficam nus, eu me junto a eles, as horas passam enquanto nós três nos retorcemos na cama, e paramos e recomeçamos dezenas de vezes para dar umas tragadas e entornar vodca. Por volta das dez da manhã, estou convencido de que eles são policiais disfarçados ou agentes da DEA que me enganaram para entrar no meu apartamento, e exijo que saiam. Eles ficam confusos, pedem um cachimbo e um saco de droga, que eu me recuso a dar, e finalmente vão embora. Esgueiro-me até a loja de bebidas na Sétima Avenida e compro duas garrafas de dois litros de vodca e um saco de gelo. Bebo a primeira garrafa rapidamente, fecho os olhos e adormeço por algumas horas. Restam cinco sacos e enfio um quarto do conteúdo de um deles num cachimbo e começo a desejar, como tantas vezes antes, que meu coração exploda, que meu cérebro entre em erupção e que a dança da morte termine, de uma vez por todas, em morte. Olho através do meu pequeno estúdio para a porta que dá para a varanda e me lembro do primeiro pensamento que tive quando a vi, semanas atrás, quando o agente imobiliário me mostrou o apartamento: se tudo falhar, há aquela saída.

A quarta-feira se transforma em quinta. Cinco sacos se transformam em três. O isqueiro, inclinado para baixo por muito tempo, estoura, e suas partes de metal explodem na minha mão. Era o último isqueiro e agora já é noite de novo. Examino algumas gavetas e bolsos, não acho outro e me dou conta de que preciso sair. Sirvo-me de uma vodca e olho ao redor do apartamento, cheio de copos atolados com bitucas de cigarro que os caras asiáticos devem ter fumado. Há camisinhas usadas no chão, um lençol pregado na parede acima da porta da varanda para bloquear a visão, latas de cerveja e garrafas de vodca vazias por toda parte. A penumbra do quarto destruído e a imagem lúgubre de três estranhos se drogando, bebendo e trepando para criar proximidade ou distanciamento ou o que quer que cada um de nós estivesse buscando são demais para suportar. E não há nada de novo nisso. É como todas as outras vezes em que fiquei chapado. E aqui estou eu novamente. Olho para a porta da varanda. Olho para os sacos de drogas na mesa de café e penso: há o suficiente para me levar ao outro lado? Há o suficiente para terminar o que comecei há dois meses? Só há uma maneira de saber, concluo, enquanto calço o sapato para ir comprar isqueiros.

Como em todas as outras vezes em que deixei um quarto com drogas dentro, preocupo-me que ele seja invadido e, mais do que o medo de ser preso, entro em pânico com a ideia de que as drogas sejam apreendidas, levadas sem terem sido usadas. Então enfio os sacos no bolso da frente do short, ponho uma camiseta limpa, lavo as mãos para me livrar da fuligem e saio. O ascensorista, o mais velho dos dois irmãos sérvios que trabalham no elevador do prédio, resmunga algo inaudível. Rezo para que ele não sinta o cheiro da fumaça que venho respirando há quase 48 horas. Saio do prédio e imediatamente desejo não ter feito isso. As calçadas da Sétima Avenida fervilham de gente. Carros passam velozes, sirenes soam, vozes vêm de todas as direções. Não quero estar aqui, mas preciso de isqueiros e não tenho escolha. Chego à bodega e peço dez isqueiros, mais do que necessito, porém tenho medo de ficar sem de novo. Com eles nos bolsos, caminho de volta para a Sétima Avenida, vou para o sul e, antes de virar na rua 15, eu o vejo. Asa.

Como ele me convence a ir até seu apartamento, não faço ideia. Estou de pé na pequena sala de seu estúdio ouvindo-o falar com sua madrinha, Lucy. Ouço-o dizer a palavra *Benadryl* e não imagino por quê. Vou ao banheiro, deixo a água correr e aciono a descarga enquanto dou a maior tragada que consigo. Imediatamente ele bate na porta. Preparo outra dose, acendo e exalo enquanto procuro, sem sucesso, uma janela para abrir. O pequeno espaço está denso de fumaça e quando abro a porta as nuvens da droga invadem o apartamento como vapor. Asa está calmo e pacífico, mas me pergunta gentilmente se lhe entregarei as drogas. Respondo que talvez eu deva ir embora, mas naquele instante tenho a impressão de ouvir pisadas fortes do lado de fora da porta. Uma parte de mim tem consciência de que estou ficando paranoico, como sempre acontece quando me drogo, e a outra se lembra dos caras asiáticos que pareciam estar se comunicando um com o outro na noite anterior em um código intrincado de piscadelas e sinais de mão. E, depois, das sombras na varanda que pareciam homens com coletes à prova de balas.

Asa tem uma caixa de Benadryl na mão e diz que Lucy sugere que eu tome um pouco para me ajudar a relaxar, suavizar o efeito do barato e me acalmar um pouco para que eu possa decidir o que fazer. Isso parece bom, então peço três e engulo. Pergunto se ele tem bebida alcoólica em casa e, ao fazer isso, me lembro de como nos conhecemos — nas salas — e peço desculpa. Mas sei que preciso de álcool, e logo. *Tenho que ir ao banheiro*, digo, e ele parece genuinamente perplexo, então me dá as costas e começa a falar de novo com Lucy. Desapareço no banheiro e encho o cachimbo mais algumas vezes. Sinto-me um pouco mais calmo enquanto as tragadas afastam um pouco a preocupação, mas no lugar dela vem outra coisa. Aquela velha e inquieta energia sexual que essa droga desencadeia. Então volto para onde Asa está e digo que estou ficando com calor. Pergunto se tudo bem eu tirar a camiseta e ele meio que pisca e diz: *Acho que sim*. Estou me sentindo um pouco mais ousado agora, então depois de tirar a camiseta puxo um cachimbo, carrego-o na frente dele e dou uma tragada. Solto a fumaça em seu pequeno e limpo estúdio. Puxo uma cadeira bem na frente do sofá onde ele está sentado, me recosto e ponho as mãos nos bolsos. Abaixo o short um pouco além dos quadris, enrijeço os braços e penso que algo está para acontecer. No brilho interior ilusório do barato, acho que não há como ele não querer transar. Eu tivera a sensação de que ele havia me achado interessante e, por Deus, se achou mesmo, aqui estou eu. Isso me parece totalmente lógico, e Asa, o amigo, o anjo salvador, o camarada sóbrio, desaparece para dar lugar apenas a um corpo bonito perto de mim que, ao que tudo indica, será o próximo lugar para onde irei na minha viagem mapeada pelo crack. Ele me dá outro Benadryl e me pergunta de novo se pode pegar minhas drogas. Mais uma vez está calmo, sem raiva ou agressividade. Mas eu mal consigo ouvi-lo por causa do desejo. Ele fica no telefone com Lucy e me diz: *Você pode parar agora. Você pode parar e ficar aqui em casa que vai dar tudo certo. Isto não precisa ficar pior do que já está.*

Alguma coisa em seu tom de voz me aflige. *E se isto pudesse acabar?*, penso, e depois me lembro da varanda do meu apartamento, dos dezessete andares até o asfalto da rua 15. Poucas horas antes, esse era o único modo que eu via de acabar com isto. Agora, aqui está Asa me oferecendo outra maneira. Mas este caminho — as reuniões, os jantares, os telefonemas, o padrinho e as zonas fora dos limites por toda a cidade — não está funcionando. Aqui estou eu sem camisa e a dois sacos e meio de fumar mil dólares de crack, drogado e tentando levar comigo alguém que apenas me ofereceu bondade, paciência e tempo. Estou fazendo tudo o que posso para seduzi-lo a entrar na mesma inconsciência que quase o destruiu anos atrás. Asa me pergunta onde arrumei dinheiro para as drogas e eu lhe conto sobre a pilha de prata, mas não digo que era da minha mãe. Alguma alquimia do Benadryl, a menção à prata e o tom paciente de Asa espantam o ímpeto sexual para longe.

Confuso e desesperado por outra dose, digo a Asa que preciso tomar um banho. Ele me traz uma toalha, pede que eu não fume a droga no banheiro, e eu concordo. Depois, quando a água está correndo, preparo um novo cachimbo e tento forçar bastante fumaça para dentro do meu sistema, para que eu possa descobrir o que fazer. Os canos estalam quando abro a água quente, e além desse barulho logo ouço outro som — vozes, vozes masculinas vindo do outro lado da parede. Eles estão no corredor? No apartamento ao lado? O pavor de estar sob vigilância, que veio e foi como uma onda ao longo das últimas 48 horas, reaparece de repente e com força total. Agora há vozes vindo de trás de duas paredes. Ouço *Vamos pegá-lo* e *O que estamos esperando?* e desligo a água para ouvir atentamente. Asa está junto à porta e diz: *O.k., já chega, saia.* Então penso: *Ele está envolvido nisso. Esses caras, sejam eles quem for, estão com ele.* Enfio-me nas roupas, aciono a descarga e dou outra tragada com o que sobrou do terceiro saco. Pensando que pode haver agentes dos narcóticos e policiais do outro lado da porta, escondo os dois últimos sacos, o isqueiro e o cachimbo no armário de remédios. *Direi que são de Asa*, penso diabolicamente, fechando a porta do armário e enfrentando no espelho o que seria óbvio para qualquer um: um viciado desesperado. Asa bate na porta e ouço sua voz cautelosa do outro lado.

Em um banheiro de estúdio apertado e cheio de fumaça no Chelsea, uma destas três coisas está prestes a acontecer: prisão, voltar para casa e para uma solução definitiva de dezessete andares, ou entregar as drogas a Asa, confiando que ele está dizendo a verdade. Que vou ficar bem. Que isto é apenas um tropeço e não uma queda. Olho no espelho de novo e vejo o que sempre vejo quando estou chapado: meus olhos mortos e pretos olhando para mim como se fossem os olhos de outra pessoa ou coisa, e não os meus. Oscilo diante do espelho e começo a sentir o Benadryl penetrar por baixo das drogas e dar as mãos às horas de insônia das noites anteriores. Dou um passo até a porta e a abro. Do outro lado está Asa sozinho, ninguém mais, nenhum homem com colete à prova de balas empunhando armas e algemas. Resolvo desistir. Sei que, se eu fizer isso, não haverá mais vozes do outro lado da parede. Pelo menos por enquanto.

Meus onze dias se transformam em um e o um de Polly vira quatro. Os 8 mil viram seis e as mensagens no meu celular são inúmeras para contar. O aluguel de junho vence em duas semanas. Depois de pagá-lo, restarão 3,5 mil dólares na conta, e quatro semanas até o vencimento do aluguel de julho. Como passei de ter dinheiro para quase quatro meses de aluguel para ter dinheiro apenas para dois? Eu sei, só não quero me lembrar. Mas, por mais que eu tente, os últimos três dias insistem em piscar na minha cabeça. Os caras asiáticos que peguei na rua, com quem me droguei e que depois mandei embora. Que noite foi essa? Terça-feira? Quarta-feira? Não está claro. As vozes atrás da parede do banheiro de Asa. Asa. Tirar minha camiseta e tentar seduzi-lo. E então o acordo final que fizemos: entregarei as drogas se ele me deixar fumar mais uma dose, o que realmente faço, sentado em uma cadeira, diante dele, enquanto ele está no sofá e me observa, com o celular e a madrinha grudados no ouvido. Dou-lhe os sacos restantes e observo-o jogá-los no vaso sanitário. Observo-o esmagar o cachimbo de vidro e jogar os cacos na privada. Depois Asa me leva para casa e passa a noite no meu sofá. Acordamos tarde na manhã seguinte e, depois de eu alimentar Benny, ele me deixa na esquina da Quinta Avenida com a rua 10 para que eu vá à reunião do meio-dia e meia na biblioteca. Ele corre para a aula, e prometo que o verei na reunião das duas.

Não suporto a ideia de ir à biblioteca e contar um dia, então resolvo dar algumas voltas no quarteirão. Minha mãe continua me telefonando e me pergunto se ela sabe que tive mais uma recaída. Ainda não ouvi nenhuma mensagem. Ligo para Jack e conto o que aconteceu. Ele parece cansado quando me diz para ir a reuniões durante o dia todo e levantar a mão. O resto pode esperar. Acabarei telefonando para Kim, Dave, Jean, Polly, Lucas e todos os outros que, imagino, tenham deixado mensagens e que terão de decidir se vão ficar ao meu lado ou se afastarão.

Vou para a reunião, mas, como esperei até o último instante para entrar no prédio, quando chego ao quinto andar a sala está lotada e passo um minuto muito desconfortável tentando encontrar um assento. Olho pela sala lotada e não vejo ninguém conhecido. Então vejo Pam, que faz um sinal em direção à parede mais distante, onde há um lugar vazio. É ao lado de Annie, que conheci há poucos dias. É aquela que vi no meu primeiro dia na biblioteca e que tive a impressão de já haver encontrado em outro lugar. De início pensei que fosse a namorada do roteirista parceiro de Noah, mas uma semana depois, quando reuni coragem suficiente para dizer oi, descobri que nunca a tinha visto. Ela tem um pouco mais de tempo do que eu e, assim como eu, não está trabalhando nem fazendo outra coisa senão ficar sóbria. Terminou há pouco um mestrado de dois anos em teatro, mas viajou nas drogas duas noites antes da apresentação final, quando a faculdade convida agentes e diretores. Seu colega de cena precisou da ajuda de um dos professores para ler o texto, e, como a apresentação é um dos requisitos para a obtenção do diploma, ela ainda não está oficialmente formada. Houve um período confuso após esse desastre até ela achar o caminho das salas.

———

Ei, fofinho, ela sussurra quando me sento. Annie está usando, como de costume, um traje de brechó — uma boina estilo Rickie Lee Jones, um grande cardigã púrpura com botões de plástico e um macacão de jeans. *Faz tempo que não conversamos*, ela diz.

A reunião começa. No intervalo, ergo a mão e anuncio que tenho um dia, e Pam suspira acima das palmas — *Ah, querido*. Entre a reunião do meio-dia e meia e a das duas da tarde, finalmente ouço as mensagens. É uma série familiar de verificações regulares que, uma a uma, vão perdendo o tom despreocupado e passam da preocupação à raiva. Minha mãe deixa três ou quatro, e a última é uma loucura. Ela está chorando, está com raiva e grita mais do que fala: *Você me roubou e precisa me ligar imediatamente*. Não vejo minha mãe desde uma tarde no ano passado em que ela me largou em um restaurante depois que desenterrei algumas lembranças difíceis da minha infância, nunca antes comentadas. Desde então, mal conversamos e não a vi mais. Pedi a ela, por intermédio de minha irmã Kim, que não fosse ao Lenox Hill enquanto eu estivesse lá, e quando ela se ofereceu para me visitar no centro de reabilitação e na cidade depois que voltei, mais uma vez disse a ela, por intermédio de Kim, que prefiro que ela não faça isso.

Antes daquele dia no restaurante, sempre fui seu fiel tenente na guerra em curso contra meu pai. Nunca questionei o lado dela das coisas, fui a seu favor no divórcio e, em geral, concordei com sua versão dos acontecimentos, qualquer que fosse. Mas com as maravilhas da terapia, um conselheiro insistente na reabilitação e o milagre da memória reprimida, tudo isso mudou nesse último ano. O tom dela comigo — na maioria das vezes em mensagens deixadas na secretária eletrônica — desde aquele almoço tem sido conciliador, cauteloso, ferido. Não me lembro de ela ter ficado brava comigo. Sempre estivemos um ao lado do outro. Eu, Kim e mamãe contra papai. Era divertido quando ele estava viajando, mas tenso quando ele voltava. Ele era a escuridão, ela era a luz. Quando fui expulso da faculdade, foi ele quem fez o sermão duro e ela quem me confortou depois. Quando eu fugia da escola, ela revirava os olhos e fazia um gesto de censura com o dedo, mas nunca foi dura, áspera ou punitiva. Então, essa mensagem que ela deixa, embora curta, é como um soco duro e dissonante.

Estou parado na esquina da rua 10 com a University, sem saber se ligo de volta para ela ou vou à reunião das duas da tarde. Como ela sabe da prata? Examino todas as possibilidades e não chego a nada. Existem números de série de lingotes e moedas de prata? Será que algum escritório de metais preciosos lhe telefonou para confirmar a venda? Pensar em agências governamentais desencadeia a paranoia da noite anterior, e, além de me sentir com ressaca, derrotado e envergonhado, começo a sentir aquele velho medo persistente de ser observado. Viro-me para ir para casa e, antes de dar mais do que alguns passos pela rua 10, ouço Annie me chamar. Ela está na esquina parecendo uma animadora mirim de programa infantil da tevê aberta — batom vermelho, boina engraçada, tênis Converse de cano alto, macacão largo, sorriso enorme. *Venha cá, fofinho, você não vai a lugar nenhum.*

Annie e eu vamos ao Newsbar, um pequeno cibercafé que fica na University, a poucas quadras da biblioteca. Ela me pergunta por que pareço tão assustado, e quando começo a lhe contar sobre minha mãe, a prata, o cara dos tapetes da rua 25 e os 6 mil dólares, observo dois caras de meia-idade de blusão sentados três mesas adiante, escutando o que estou dizendo. Nesse momento, uma mulher com o que parece ser um fone de ouvido entra no lugar e agarro a mão de Annie e digo que precisamos ir embora. *Já.* Ela não pisca nem reage, apenas diz: *Saquei, vou atrás de você.* Saímos depressa para a rua, e enquanto seguimos em direção à Union Square noto que Annie ainda está segurando minha mão. *Não sou louco,* digo, e ela dá uns tapinhas no meu braço. *Claro que não, gracinha,* ela sussurra, como se me revelasse um segredo. *Você é insano.*

Quando chegamos à Union Square, paro no meio dos degraus no lado sul e olho, e olho de novo para me certificar de que não há ninguém por perto ouvindo. Ainda segurando minha mão, Annie diz: *O.k., estamos seguros, agora me diga o que está acontecendo.* Então eu lhe conto. Tudo. O casamento difícil de meus pais, as lembranças enterradas da infância, minha mãe me deixando em um restaurante um ano antes, o episódio no aeroporto de Newark e depois, quando achei que estava sendo seguido por agentes da DEA, a tentativa de me matar depois de dois meses em quartos de hotel fumando crack, a prata, o telefonema para Happy, a varanda do meu estúdio e os pensamentos de suicídio voltando, as vozes no apartamento de Asa e, por fim, a mensagem de minha mãe no celular. Annie ouve tudo e depois diz, rindo um pouco e agora apertando minha mão: *Isso é que é um tesouro de mãe*. Ela me faz sentar nos degraus. *Não vou nem fingir que entendi metade do que você acabou de contar, mas o que você precisa fazer agora é ligar para a sua mãe e ouvir o que ela tem a dizer e, depois, ser sincero e pedir desculpas. Não é mais complicado do que isso. Então vamos lá. Cadê o seu celular?* Se Annie dissesse que eu precisava pôr fogo no meu sapato e cantar canções de Natal, eu provavelmente faria isso. Ela está sóbria há pouco mais tempo que eu e, pelo que a ouvi contar na biblioteca, tive a impressão de que está tão perdida quanto eu, mas agora, aqui, parece uma grande anciã da sobriedade.

Ligo para minha mãe. Ela mal consegue falar de tão transtornada. Ela me conta que Asa telefonou para minha irmã, cujo número eu tinha dado a ele semanas antes, para o caso de alguma emergência. Ele ligou para dizer que eu tivera uma recaída, mas que estava bem. Quando minha irmã perguntou de onde tirei o dinheiro, ele disse que sabia que eu havia vendido recentemente um pouco de prata. Quando minha irmã, que não sabia da prata e supôs que era minha, contou à minha mãe, ela explodiu. E agora explode de novo. *Como você pôde fazer isso?*, ela pergunta, parecendo, no meio de sua raiva, genuinamente perplexa. *Não sei*, é tudo o que tenho como resposta, *e sinto muito*.

Quando estou terminando a ligação, ela diz com a voz mais dura com que já a ouvi falar: *Chega, você tem que parar com isso. Pare imediatamente. Está me ouvindo? Chega.* Por mais que eu temesse o telefonema, esta última instrução, este limite traçado por ninguém menos que minha mãe — essa mulher-menina de quem eu e minha irmã cuidamos quando crianças, a quem eu defendi durante toda a minha vida e evitei ao máximo na minha vida adulta — é uma coisa de que senti falta por muito tempo, mas que não tinha percebido até agora. Como quando você não sabe que está com fome até ver a comida ou quanto está cansado até sua cabeça cair no travesseiro.

Annie volta comigo à biblioteca e me dá um abraço de despedida. Concordo em ligar para ela antes de dormir e corro para dentro do prédio a fim de pegar a última meia hora da reunião das duas da tarde. Consigo um lugar ao lado de Polly, que me lança um olhar do tipo vejam-só-quem-apareceu. Asa está lá com aparência cansada por ter ficado acordado a maior parte da noite. Depois da reunião, ele me diz com naturalidade que vai passar a noite de novo no meu apartamento e que vai me buscar lá para irmos à Meeting House às seis horas. Tudo o que consigo dizer é *obrigado*.

Polly me dá um tapa na cabeça e diz: *Que merda você fez, craqueiro?* Caminhamos até a área dos cães e lhe conto o que aconteceu. Ela ouve, concorda com a cabeça e não está nem um pouco surpresa. *Basta continuar voltando, e da próxima vez me ligue, o.k.? Prometo que você não vai querer usar depois que eu acabar com você.* Ela vai para casa comigo e fica lá por um tempo até Asa aparecer. Asa e eu vamos à Meeting House, depois voltamos para a minha casa e comemos uma quiche de frango das sacolas de comida de Jean, que chegaram quando estávamos fora. Enquanto Asa abre o sofá-cama, ligo para Jack a fim de fazer um relato do dia — as reuniões, as conversas com Polly, Annie e Asa, o pedido de desculpas à minha mãe, um dia contado na biblioteca —, ao que ele responde: *Faça tudo de novo amanhã.* Depois que digo boa-noite e desligo o telefone, Asa apaga as luzes e nos enfiamos sob nossas respectivas cobertas. Benny se enrola junto à porta, o mais longe de mim possível.

Não consigo dormir. Não consigo evitar rever os acontecimentos dos três últimos dias. Tudo o que veio depois do telefonema para Happy — o barato ruim, o barato bom, os caras asiáticos, os cachimbos quebrados, a vodca, os isqueiros estragados, a paranoia, os pensamentos de suicídio — é familiar, segue o mesmo roteiro desesperado de toda vez que uso a droga. Mas o que é diferente, o que é completamente novo, é o que acontece depois. Me dou conta de que desde o momento que topei com Asa na rua, há 24 horas, não fiquei sozinho. Depois de Asa, estive com Annie e, depois de Annie, com Polly, e agora novamente com Asa, que está dormindo no sofá-cama.

Fico acordado na cama, no escuro. Consigo distinguir as bordas do lençol branco que preguei na parede acima da porta da varanda para cobrir a pequena janela. Uma das pontas caiu e a vejo bater contra a porta, compondo formas e movimentos que me fazem lembrar dos policiais e agentes da DEA que eu tinha certeza de que estavam na varanda duas noites antes. Me encolho contra a janela ao lado da cama e tento afastar os pensamentos do que teria acontecido sem Asa. Lembro dele sentado à minha frente no restaurante New Venus na primeira noite em que voltei à cidade, de como eu não tinha intenção de ir jantar com os garotos, de como Jack me convenceu a fazer isso e de como foi Asa quem me disse para encontrá-lo no dia seguinte, na biblioteca, onde encontrei pela primeira vez Polly e Annie. Como essas pessoas, que eu não conhecia um mês atrás, são agora as pessoas mais importantes da minha vida? Minha cabeça fica atordoada porque tudo isso parece tão improvável, tão arbitrário.

O quarto e a cidade estão silenciosos. Ouço a respiração forte de Asa e olho pela janela, para o Empire State Building. O velho arranha-céu se apaga à meia-noite, como sempre, mas desta vez as luzes que restam no horizonte parecem piscar acordando, brilhar com uma nova energia, como se cada uma tivesse concordado em arcar com o pesado fardo de iluminar a cidade, em assumir a tarefa quando alguém da turma se cansa e percebe que não pode, e jamais poderia, fazê-la por conta própria.

Útil

Polly tem oito dias, e eu, cinco. Embora nenhum de nós tenha nem duas semanas, falamos sobre o que vamos fazer quando chegarmos aos noventa dias. Polly pode voltar a dar aulas ou trabalhar com animais. Eu não tenho ideia do que vou fazer — pouca coisa parece possível e, como minha conta bancária emagrece e minha dívida engorda, tudo indica que a única solução parece ser ir morar com a minha irmã Kim no Maine. O que farei lá, nem imagino. Quanto tempo ela e sua família me tolerariam também é uma incógnita. Polly vive uma situação diferente. Sua irmã Heather teve a sorte de conseguir um apartamento com aluguel controlado na St. Mark's Place, quando estava na faculdade, e o aluguel, pelos padrões de Nova York, sai praticamente de graça. Então há menos pressão sobre Polly para ganhar dinheiro, mas se Heather não ficar sóbria, lá não é um lugar que a madrinha de Polly, ou qualquer outra pessoa da biblioteca, recomendaria que ela ficasse. Sua ligação com Heather é poderosa — elas são gêmeas e companheiras de droga — e, até pouco tempo atrás, sempre que eu ou qualquer pessoa sugere que ela saia da casa de Heather,

Polly fica fria e muda rapidamente de assunto. Mas Heather continua a cheirar carreiras de cocaína e a ficar acordada a noite toda vendo DVDs de *Law & Order*. Polly soma alguns dias e, desta vez, está mais aberta para falar sobre uma mudança de casa. Em meados de maio, ela começa a mencionar — com hesitação, com cautela — que está pensando em procurar na Craigslist apartamentos no Queens, que ouviu dizer que são baratos.

Então Polly desaparece. Ela não vai à reunião do meio-dia e meia nem à das duas da tarde. Ligo e deixo mensagens em seu celular, sem resposta. Isso dura vários dias, até sua caixa postal ficar cheia e parar de receber mensagens. Vou até a St. Mark's Place e fico parado na frente do prédio dela, na esperança de vê-la ou então a Heather. Jack me diz para não tocar a campainha do apartamento, porque estou sóbrio há menos de uma semana e pode haver cocaína por toda parte. Ao mesmo tempo que concordo com a lógica dele, não há uma parte de mim sequer que ache atraente a ideia de me drogar com Polly. A perspectiva de haver cocaína no apartamento dela não desencadeia em mim nem a mínima fissura. Mas sigo as regras de Jack, embora esteja apavorado de que ela tenha tido uma overdose. Ligo para a madrinha dela, que diz não ter notícias de Polly, mas que alguém da biblioteca encontrou Heather na rua, e ela contou que Polly está bem e que não devíamos importuná-la.

É o que faço. As reuniões na biblioteca no restante da semana parecem estranhas sem Polly. As tardes são mais espaçosas. Vou algumas vezes ao café com Annie depois da reunião das duas, mas é estranho não ir à área dos cães, estranho estar em casa no início do programa da Oprah, às quatro da tarde, todos os dias. O fim de semana chega, e sábado de manhã, por capricho, ligo para Polly. Milagrosamente, ela atende. *Ei, craqueiro*, diz, sem o vigor habitual, e eu digo, sem convicção: *Se isso não é o roto ligando para o remen-*

dado, então não sei o que é. Ela ri, mas sua voz está rouca e fraca. *Você está bem?*, pergunto, e, depois de uma longa pausa, ela diz: *Não*. Ela concorda em me encontrar na área dos cães e, quando finalmente aparece, com quase 45 minutos de atraso, vejo que ainda está de pijama, como costuma fazer depois de se drogar. Está com um blusão de moletom sobre as roupas de dormir bem finas e sujas, mas posso ver a clavícula saliente em sua pele, e se esforça para se movimentar. Parece ter perdido cinco quilos, e não havia cinco para perder. Está com a guia de Essie em uma das mãos e um cigarro na outra, e quando senta ao meu lado sinto um cheiro forte de álcool, odor corporal e cigarro. Luto para não reagir, mas ela está fedendo e não é fácil fingir que não noto.

Seu cheiro é obviamente a última coisa a se passar pela cabeça dela. Eu vi Polly algumas vezes depois de ela se drogar, mas há uma coisa diferente agora. Ela parece assustada com algo mais além do horror agora familiar de ter uma recaída. Pergunto o que aconteceu e ela me conta que Heather chegou em casa com sete gramas de pó na segunda-feira à noite e elas usaram sem parar até a noite de quinta-feira. Na sexta-feira, o traficante de Heather aparece com mais cinquenta gramas e as duas caem de cara no pó. Depois de algumas carreiras, Heather começa a se queixar de dores no coração e se deita no sofá. Polly fica preocupada, mas cheira mais algumas carreiras. Em algum momento, Heather desmaia e Polly tenta, sem sucesso, acordá-la. Ela a sacode, joga água em seu rosto e grita o nome dela, mas nada funciona. Verifica o pulso e sente o coração de Heather batendo no peito, então sabe que ela está viva. Deve ser uma overdose, Polly se dá conta, enquanto faz uma carreira grande para sufocar seu pânico crescente. Quando isso não funciona, faz outra. Há uns três gramas em cima da mesa de café e, quando ela pensa em chamar a ambulância, lembra que quando alguém vier ela vai ter que ir ao hospital com

Heather. E parar de usar. Então, continua fazendo carreira após carreira, pensando que logo mais vai chamar o 911, mas toda vez o barato não dura muito e ela se vê com necessidade de outra carreira. Continua pensando em fazer a chamada depois da próxima. Depois de duas horas e meia disso, o pó ainda não acabou, Heather continua inconsciente, Polly pira e, finalmente, chama o 911. Os paramédicos chegam, levam Heather para o pronto-socorro, limpam seu organismo e ela passa a noite no hospital. Polly deixa Heather lá depois que o médico diz que ela vai ficar bem. Volta a seu apartamento, acaba com o pó, bebe vodca e toma comprimidos para dormir, até apagar. No final da manhã, Heather chega em casa e em seguida eu telefono. E aqui estamos nós, na área dos cães. *Alguma coisa precisa mudar*, ela diz, balançando a cabeça. *Eu escolhi a cocaína em vez da vida da minha irmã.*

Do nada, me vem a lembrança de um pequeno centro de reabilitação chamado High Watch em Kent, Connecticut, que é um antigo retiro dos Doze Passos com reuniões o dia todo e que é — acho que lembro de alguém me dizendo isso certa vez — barato. No banco de parque da área dos cães, ligamos em busca de informações e uma pessoa atende. Há um leito disponível na segunda-feira e o preço da diária é administrável com a ajuda dos pais de Polly. Ela reserva o leito, compromete-se a ficar duas semanas, e o próximo telefonema é para minha mãe. Sem dedicar a isso mais do que um momento de reflexão, digito seu número e quando ela atende explico a situação. Ela concorda em nos encontrar na estação de trem perto de Kent na segunda-feira de manhã. Quando ela pergunta se vou passar a noite, minto e digo que terei um compromisso na noite de segunda-feira e que precisarei voltar à cidade. Entre o telefonema no banco da área dos cães e pegar o trem na segunda de manhã, Polly telefona para seus pais e informa o que está acontecendo. É a primeira vez que eles a ouvem dizer que está usando drogas, e que Heather também está. Eles moram na Califórnia e não veem as filhas com frequência. De algum modo, os anos de desemprego de Polly não fizeram soar alarmes altos o suficiente para fazê-los pensar que havia um problema sério. Ela pede ajuda para pagar a diária no centro de reabilitação e eles concordam. Evidentemente, acontece uma briga enorme com Heather, que nega tudo aos pais e diz que Polly, depois que for para a reabilitação, pode ficar por lá ou voltar para a Califórnia, mas que não é mais bem-vinda no apartamento dela. Polly vai mesmo assim.

Nós nos encontramos na segunda-feira de manhã na esquina da Quinta Avenida com a rua 14, e Polly chega com uma mochila pequena. Um amigo concordou em cuidar de Essie, e quando pegamos o trem da Metro-North para Wassaic, Polly diz que não sai da cidade há três anos. Na viagem, me conta histórias terríveis, mas hilárias, de seus porres antes de dar aulas no jardim de infância e de ficar completamente chocada quando os outros professores da escola não queriam encontrá-la na esquina para tomar uma bebida no intervalo de almoço. Ela, como eu, tem algumas histórias de aeroporto. Uma das mais loucas é da sua época de faculdade, quando, depois de encher a cara em um bar certa tarde, ela sai de lá e vai para o aeroporto JFK, sem ideia de para onde ir, mas com vontade de viajar para algum lugar, qualquer lugar. Ela descobre um voo para Sarajevo mais tarde naquela noite e compra uma passagem. Chega lá com pouco dinheiro, apenas o suficiente para ficar sentada em cafés o dia inteiro enquanto lhe pagavam bebidas. *Fiquei lá sentada, pensando que pessoa interessante eu era, bebendo em cafés num país prestes a entrar em guerra. As pessoas partindo para morrer e eu me sentindo glamorosa, fascinante. Como se de algum modo a guerra tivesse mais a ver comigo do que com eles.* Sua história desencadeia uma lembrança da luta da minha mãe contra o câncer. Lembro de contar a amigos que ela estava morrendo enquanto bebia vodca após vodca, como se a doença estivesse me afetando mais do que a ela. Encolho-me de vergonha quando penso nessa época, como quando apareci no hospital no dia de sua cirurgia depois de ter passado a noite fumando crack.

Chegamos à estação ferroviária de Wassaic, e o único carro no estacionamento é o da minha mãe. Posso vê-la através do para-brisa de sua caminhonete Honda. Só depois que ela sai do carro em direção à plataforma para nos receber é que me dou conta de que não a vejo há mais de um ano. Seis anos depois da mastectomia radical e cinco depois da radioterapia, os cabelos voltaram, muito mais finos e mais claros do que antes. Assim que Polly pega sua mochila e diz pesadamente *Aqui vamos nós*, qualquer dificuldade que eu tenha com a minha mãe deixa de ter importância.

O centro de reabilitação é lindo, o que nenhum de nós esperava. Parece uma pousada cara para onde se iria numa escapada da cidade no fim de semana. As mulheres que recebem Polly são amistosas e o lugar parece quase vazio. Atravessamos a propriedade até o local onde Polly vai dormir, e somente quando ela põe a mochila sobre a cama é que me ocorre que ficará fora da cidade por duas semanas. Duas semanas sem a área dos cães, sem Polly. Por um instante sinto o pânico de uma recaída, que sem Polly por perto não serei tão capaz de evitar a droga. Espero que nenhum desses pensamentos esteja refletido em meu rosto quando me despeço de Polly com um abraço e vou embora abatido, como se estivesse deixando minha filha na faculdade. Quero que as pessoas gostem dela, preocupa-me ela ficar sozinha ali. *Me ligue se precisar, a qualquer hora*, digo pateticamente ao sair do quarto para ir embora.

Minha mãe me leva de volta à estação para eu pegar um trem que vai partir menos de duas horas depois que Polly e eu chegamos. Enquanto ela dirige, não falamos sobre a prata ou sobre qualquer outro assunto difícil para nós. Ela me conta que quando eu estava na faculdade expulsou meu pai de casa depois de uma cena de bebedeira particularmente feia. Ela concordou em deixá-lo voltar para casa apenas se ele cumprisse uma estadia no centro de reabilitação onde acabamos de deixar Polly, o que, aparentemente, ele fez. Fico surpreso com a história. Eu sabia que as coisas tinham ficado mal entre eles enquanto eu estava na faculdade, que a bebida havia se intensificado, mas não fazia ideia de que ele havia ido para a reabilitação. Ouço-a descrever como foi difícil aquela época, porém reluto em me envolver muito. Agora que estou voltando a falar com meu pai, depois de quase uma década, estou sendo cauteloso para não entrar muito fundo na velha dinâmica familiar de ouvir minha mãe reclamar dele. Meu pai é um madrugador, sempre foi, então nas últimas semanas temos conversado de manhã. Tenho encontrado Elliot nas quadras de tênis ao longo da West Side Highway antes de ele ir trabalhar, então chego lá cedo para reservar uma quadra e telefono para o meu pai. É como se eu o estivesse conhecendo pela primeira vez nesses telefonemas. Enquanto minha mãe fala sem parar sobre a bebedeira do meu pai, fico cada vez mais incomodado e por fim mudo de assunto.

Paramos na estação de trem e aguardamos sem jeito dentro do carro. Ela pergunta sobre a irmã de Polly e a biblioteca, tenta, como qualquer pai ou mãe, obter um vislumbre da vida de seu filho. Eu respondo de modo vago, relutante em incluí-la em qualquer parte da minha vida, e por fim digo apenas *obrigado*. O silêncio envolve o carro por algum tempo. *Fico feliz por ter ajudado, Billy. Apenas estou contente de ter sido útil*, ela diz ternamente quando o trem chega e abro a porta do carro. *Eu também*, penso enquanto a beijo no rosto, desço do carro e vou para casa.

Casos perdidos

Jack me pede para encontrá-lo em um café na Irving Place. Fica a poucas quadras do meu território habitual — Union Square, sul da Quinta Avenida e leste do Chelsea —, mas enquanto caminho ao lado das cercas altas do Gramercy Park me dou conta de como tornei a cidade pequena de novo, de como é limitado o território que percorro, de como é previsível. Quando estou prestes a atravessar para a Lexington, do alto do parque vejo um agasalho azul-marinho com listras marrons nas mangas e nas pernas da calça. Vejo primeiro o agasalho e depois o jovem baixo, barbudo, magro, com anéis de ouro e óculos Ray-Ban. Lotto. Lotto substitui o nome Lowt, um antigo nome judaico dado a ele por seus velhos pais judeus, que possuem e administram uma loja de diamantes na região da rua 40 Oeste. Lotto foi adotado quando criança, seus pais têm mais de setenta anos, e ele cresceu em uma mansão do Gramercy Park que poderia abrigar uma embaixada. A última vez que eu soube dele, estava no Betty Ford Center, na Califórnia. É o garoto que conheci há mais de um ano em Oregon, no centro de reabilitação para onde Noah e Kate me mandaram. Era então a nona ou décima reabilitação de Lotto. A essa altura, ele já esteve em pelo menos mais duas. Em Oregon, Lotto resistia a todas as sugestões, a todas as instruções e conquistou a antipatia de praticamente todos os conselheiros e pacientes do centro de reabilitação. Nas roupas, na linguagem e nos modos, ele é a mistura de um gueto hip-hop com um mafioso italiano. É o garoto mais impertinente, mais desbocado, mais criador de caso que já conheci, e também um dos mais engraçados. Em Oregon, nos tornamos amigos. Andávamos pelo centro de reabilitação à noite, antes do toque de recolher, e ele me contava histórias de contrabando de drogas para dentro dos centros e de fugas de internatos terapêuticos das costas Leste e Oeste. Na época ele tinha vinte e um anos e eu trinta e três. Agora, temos um ano a mais, e como ele não está no Betty Ford Center e eu estou de short e camiseta num dia de semana de manhã, parece que não avançamos muito na estrada da recuperação desde a última vez que nos vimos. Deixei o centro de reabilitação em Oregon depois de cinco semanas de tratamento; ele deixou após se ausentar sem permissão e, em segredo, reservar um bilhete no meu voo de volta para Nova York. *Surpresa, surpresa*, ele dissera no aeroporto, acenando com o cartão de embarque. *Hora de voltar pra porra da minha casa.*

Lotto me vê antes de eu ter tempo de dizer oi. Ô, *Billiiiii!*, ele grita, mais para Gambino do que para Lansky. Noto que está com a quantidade habitual de ouro, mas menos barba, e que engordou. Ele passou de *whippet* a palito. Seu agasalho, sem dúvida do menor tamanho fabricado, ainda embola em torno de seu tênis caro e pende de seu corpo como uma cortina. *Você está bem?*, ele pergunta, e digo que sim, que estou há alguns dias sóbrio e tentando chegar aos noventa dias. Ô, *eu tenho noventa*, ele diz, *e não precisei daquela palhaçada de reabilitação para conseguir.* Eu duvido: *Verdade, Lotto?. Noventa?* Ele ri e diz: *Não, mas vou chegar lá.*

Digo a Lotto que preciso encontrar meu padrinho, mas que ele deveria me encontrar no dia seguinte na biblioteca. Ele me dá seu novo número de telefone — pelo que sei, já teve dois desde que nos conhecemos em Oregon. Cada centro de reabilitação pede que ele se desfaça do celular, como fizeram comigo, para não ter acesso aos números de seus fornecedores de drogas. Concordamos em nos ver na biblioteca ao meio-dia e meia, mas só acabei tendo notícias dele três dias depois. *Vamos jantar*, diz sua mensagem no celular, e de novo eu sugiro que nos encontremos na biblioteca. Não tenho notícias dele por alguns dias, então quando ele manda a mensagem e novamente sugere um jantar, concordo em encontrá-lo em um lugar no West Village — mais um bar do que um restaurante. Quando chego, ele está com três garotas. Todas loiras, todas com aparência de colegiais, todas falando ou mandando mensagens em seus celulares. *Parece uma festa*, digo enquanto me sento, e Lotto sorri e diz: *Qual a novidade?* As garotas estão bebendo champanhe. *Claro que estão*, penso. Lotto tem diante de si uma garrafa grande de Pellegrino. *Champa?* — ele brinca, segurando a garrafa. Faço que sim com a cabeça e aponto para as garotas. Ele me apresenta e elas mal levantam os olhos de suas engenhocas. Um garçom se aproxima, pedimos alguma coisa e, quando as garotas vão juntas ao banheiro, Lotto me conta que está apaixonado. Ela é uma boa garota, diz, e pergunto qual das três. Ele responde: *Ah, não, nenhuma dessas putas; elas são apenas amigas. Tess faz escola de arte e está no estúdio esta noite, trabalhando em alguma escultura ou instalação, uma coisa assim.* Pergunto onde a conheceu e ele me conta a história de como a viu na Barneys, seguiu-a pela avenida Madison e convidou-a para jantar. Tento imaginar a cena e tenho dificuldade para enxergar Lotto com esse tipo de atitude, mas, pensando bem, se ele está com três garotas hoje, vai saber? *Você gostaria dela, Billy*, ele diz, sério. *Sei que gostaria.*

A comida finalmente chega e as garotas voltam do banheiro parecendo um pouco mais despertas do que quando saíram, o que é a minha deixa para comer depressa, deixar algumas notas de vinte na mesa e ir embora. Digo a Lotto para me encontrar na reunião do meio-dia e meia no dia seguinte, e que podemos tomar um café depois. Ele se levanta e estende a mão do jeito que os jovens heterossexuais fazem hoje. Ignoro sua mão e lhe dou um abraço. *Comporte-se*, digo em seu ouvido. *E me encontre amanhã.*

Para minha grande surpresa, ele aparece — à uma e meia, ao pé da escada da biblioteca. Eu o vejo quando saio para tomar um café antes da reunião das duas. Agasalho, Ray-Ban, corrente de ouro, cigarro. Ele é apenas um garoto, mas parece um rato de cassino de sessenta anos de Atlantic City. *Onde está meu café?*, ele diz, rindo, e começa a caminhar na direção da University antes mesmo de eu dizer oi.

Lotto me conta tudo sobre Tess. Que ela cresceu em vários lugares do mundo, que seu pai é uma espécie de diplomata. Menciona o nome de algumas pessoas muito famosas que, segundo ele, para Tess são *praticamente da família*. Lotto atinge o seu melhor quando pessoas famosas entram em cena. Quase não há uma história dele que não gire de algum modo em torno de uma celebridade. Das socialites com quem ele frequentou os internatos terapêuticos (*putas*) aos atletas clientes da joalheria de seus pais (*cafetões*) e aos rappers que frequentam as festas a que ele vai (*senhores de todos os cafetões*), há sempre gente famosa no meio. E sempre são descritos como amigos ou praticamente da família. Essa história não é diferente. Mas há uma diferença no modo como ele fala sobre essa garota. Ela também esteve na reabilitação, ele revela. *Ela me entende*, diz, dando de ombros. Pergunto se ela vai a reuniões de algum tipo e ele diz que ela descobriu uma maneira de usar um pouco de heroína nos fins de semana e não beber nada. *A bebida era o problema dela, não as drogas*, diz, sério. *E já que heroína não é o meu barato, não há nenhuma tentação para mim.* Eu o escuto e por um instante acho que está brincando. Quando percebo que não, digo que ele está maluco. *Nós fazemos bem um para o outro*, ele argumenta. *Ela me mantém longe da cocaína e eu a mantenho longe da bebida. Ela está fazendo mestrado e vamos abrir uma galeria no Soho junto com meu primo Sam.* Eu nem sei por onde começar; a seriedade dele é tão palpável que não consigo dizer nada além de sugerir que voltemos à biblioteca para pegar a reunião das duas da tarde. *Podemos chegar a tempo*, digo, como um pai tentando fazer com que a lição de casa ou a ida ao dentista pareça diversão. O rosto de Lotto se contrai e, por algum milagre, ele me acompanha à reunião.

Lotto e eu nos telefonamos nos dias seguintes. Ele diz que vai aparecer nas reuniões, mas nunca aparece. Uma noite, deixa uma mensagem longa, dizendo como está contente por sermos amigos, por estarmos um na vida do outro, que graças ao destino estamos juntos nesta jornada, e pela carga de urgência sentimental em sua voz percebo que ele está drogado. É a última mensagem que recebo por uma semana. Então, um dia depois de eu ter levado Polly a Connecticut, quando estou lavando roupas no subsolo do prédio, recebo um telefonema da mãe dele. Aconteceu uma coisa, ela diz, e pede que eu vá até sua casa imediatamente. É fim de tarde e eu planejava ir à Meeting House às seis horas. Em vez disso, vou a pé para Gramercy Park. No caminho, a mãe de Lotto, cuja voz é a mais exausta e confusa que já ouvi, me conta o que aconteceu. Quatro noites antes, Lotto estava em seu quarto com seu primo mais jovem, Sam. Lotto tinha um saquinho de cocaína e parece que Sam quis experimentar. Lotto, segundo sua mãe, tentou persuadi-lo a não fazer isso, mas ele insistiu. Então Lotto bate uma carreira para Sam e em poucos minutos ele tem uma convulsão e fica inconsciente. Chamam o 911 e, quando a ambulância chega, ele já está morto. Tudo indica que ele havia tomado vários ansiolíticos naquele dia, que, combinados com a cocaína, fizeram seu coração pifar. A família — a do tio de Lotto — foi chamada, e eles e os policiais concordaram que foi uma fatalidade, sem culpados. A mãe de Lotto me conta tudo isso porque quer que ele entre em um programa de tratamento de um ano de duração no norte da Califórnia, em um lugar que um consultor que eles contrataram recomendou enfaticamente. Ela diz que Lotto está se recusando a ir e ameaçando se matar.

Chego a Gramercy Park exatamente quando a mãe de Lotto está terminando a história e peço que ela repita o endereço deles. *Sim, é esta*, murmuro a mim mesmo quando vejo a mansão. Espero que a mãe de Lotto me receba à porta, mas é Lotto quem aparece. Eu imaginei que ele estaria dopado, com os olhos vermelhos e trêmulo depois de tudo o que aconteceu e pelo que sua mãe me contou. Mas ele está de banho recém-tomado, barbeado (algo inédito), vestindo calça jeans e camiseta polo. Mal o reconheço sem o agasalho, os óculos escuros e a barba, e noto pela primeira vez que, por baixo de suas roupas habituais, Lotto é um cara bonito. *Talvez seja isso que as garotas veem nele*, penso, e não apenas o dinheiro e o acesso a clubes e festas. Lotto me abraça e pede desculpas por sua mãe ter me chamado. Vamos para a cozinha, ele se senta junto ao balcão e começa a falar.

Qualquer que seja a tristeza que Lotto sente, ela está escondida atrás de uma cabeça penteada, um rosto limpo e um tom determinado. *Eu não sabia*, repete várias vezes. *Eu não sabia*. Sam não parecia chapado, conta, não parecia ter ingerido nada. *Quem sabia dos medicamentos?!?! Meu Deus!*, ele grita, já sem compostura.

Lotto me conta que quando Sam o intimou a deixá-lo experimentar uma carreira de pó, ele não achou que fosse grande coisa. *Como eu podia saber? COMO?!?, ele grita pela cozinha. Caralho, como pode ser culpa minha?!?! E agora minha mãe envolveu você na minha merda. Billy, nem tente me convencer a ir para um centro de reabilitação. Não sobrou mais nenhum para eu ir!*

Por um instante, enquanto relembro a lista de centros de reabilitação em que sei que ele já esteve, acho que pode ter razão. *Você já esteve nesse do norte da Califórnia que sua mãe arranjou?*, pergunto, querendo saber mesmo a resposta. *Não, ele diz, mas é a porra de um caixa eletrônico como todos os outros. Você põe o drogado ali e eles tiram o dinheiro. E de jeito nenhum vou ficar por um ano. Não. Nem fodendo.* Ele conta que sua mãe ligou para Tess e disse que Lotto tinha saído da cidade, que estava em tratamento de novo e que ela não devia ligar. Tess, por sua vez, manda uma mensagem para o celular de Lotto dizendo que ela precisa se afastar. *Drama demais*, ela escreve. *VADIA!!!*, ele grita. Ele pontua esse grito com um refrão que diz algo como *Vou sair pela porra desta porta e achar a porra de uma arma e explodir a porra do meu cérebro antes de ir para a reabilitação de novo.* A coisa continua assim por mais de uma hora, e quando começo a pensar em Lotto na cidade, marcado pela vergonha da morte de seu primo, com o coração partido e suicida, penso: *Ele não vai aguentar.* E é exatamente isso que digo a ele. *Você não vai aguentar.* Digo que ele vai morrer como o primo — não com uma arma, que nós dois sabemos que ele não vai conseguir, mas com uma overdose. E ao dizer isso me lembro de Lotto em um de nossos passeios noturnos em Oregon. Ele está descrevendo seu grupo de amigos do colégio de pé numa esquina no Bronx tentando conseguir maconha: *Nossas bolas sem pelos congelando, todo mundo com essas jaquetas grandes e infladas North Face — azul, vermelho, verde, roxo —, a gente parecia um pacote de Skittles.* Ele diz isso pelo canto da boca, impassível, um espertalhão de vinte e um anos falando como um velho comediante do Catskills aquecendo a plateia. Lembro-me dele surgindo no aeroporto de Portland há um ano, acenando com o cartão de embarque, e de como parecia animado, solitário e perdido. E aqui está ele, perdido de novo, tentando encarar uma tragédia horrível, tentando dar as cartas quando seu mundo desmoronou mais uma vez, por suas próprias mãos. Começo a chorar. É o primeiro choro em meses, o primeiro desde que dei as costas à minha vida cinco meses antes, desde aquela recaída que me jogou de cabeça em um mergulho suicida de dois meses. Eu havia dado as costas à minha vida e ido para a cidade, tal como Lotto está prestes a fazer. *Estou olhando para alguém que está prestes a morrer*, não paro de pensar, e então lembro de seu primo Sam, que não conheci, mas de quem ouvi uma dezena de histórias. Sam era dois anos mais jovem que Lotto, um parceiro do crime intermitente desde a escola primária, alguém que nunca teve problemas ou não levou as coisas tão longe quanto Lotto. Sam se saiu bem o suficiente no colégio para ir para uma confortável faculdade de artes na Flórida, onde havia terminado o segundo ano. Esse garoto que, visto de longe, tinha uma chance melhor do que Lotto de fazer algo de sua vida, agora está morto. *Nós morremos*, penso. *É isso o que fazemos. Queiramos ou não, é onde isso vai dar.* Penso em Polly batendo carreiras durante a overdose de Heather. Penso em mim, menos de duas semanas antes, indo atrás de isqueiros para usar droga suficiente para pular de uma varanda do 17º andar. Polly, Heather, Lotto, eu — não temos nenhuma chance. *Você não tem nenhuma chance*, digo entre lágrimas para Lotto. *Você não tem nenhuma chance, a menos que vá. Você vai acabar exatamente como Sam. Ou você vai matar mais alguém que ama e acabar na cadeia.* Lotto não se move nem fala, apenas continua sentado naquele elegante balcão de aço inoxidável.

A mãe de Lotto entra. Ela me dá um lenço de papel para eu enxugar os olhos, mas não consigo parar de soluçar. *Se você só chora muito raramente, não é nada bonito. Aquilo não era bonito. Você está bem?*, ela pergunta, e eu respondo, apontando para Lotto: *Vou ficar bem se ele for para a Califórnia.*

E ele vai. Embora eu gostasse de pensar que meu discurso em lágrimas na cozinha foi o que o levou a tomar a decisão certa, depois fico sabendo por sua mãe que ela e o pai de Lotto ameaçaram — desta vez de forma convincente — expulsá-lo, isolá-lo e deixá-lo por conta própria se ele não fosse e ficasse um ano inteiro. Ele manda uma mensagem para meu celular na manhã seguinte: *Indo para Cali. Deseje-me sorte, irmão.*

Na noite seguinte, tenho uma recaída. Polly ainda está no centro de reabilitação, Lotto vai ficar enfurnado em sua 11ª ou 12ª reabilitação em Napa Valley, e eu vou voltar para casa da Meeting House pensando em Noah, trabalho, dinheiro, todas as coisas em que Jack me aconselhou a parar de pensar e de me lamentar. Então vem a ideia de me drogar. Tenho a ideia e depois ponho em prática. Passa da meia-noite quando ligo para Rico. Aproveito para lhe pagar os mil dólares que lhe devo e compro um saquinho de crack. Fumo todo ele e, às duas da manhã, vou para o apartamento de Mark. Ele está lá com três pessoas — dois caras de meia-idade e um garoto de vinte e poucos. Durmo com todos e fumo suas drogas, pois atingi meu limite de saque no caixa eletrônico e não tenho acesso a mais dinheiro. *Ora, ora, como os poderosos caíram*, Mark exclama quando volta a seu quarto para dar uma geral na cena. E eu penso: *Este sempre foi o meu lugar, apenas é mais óbvio agora.*

Saio do apartamento de Mark ao meio-dia, me enfio na cama, ligo o ar-condicionado e tomo um punhado de Tylenol PM. Polly deixa uma mensagem do orelhão de High Watch. Ela vai às reuniões dia e noite, conta, e a comida é boa. Sente saudade de Heather, de Essie e de mim, mas estará em casa logo. Heather, que se acalmou, ligou para Polly e disse que ela pode continuar morando no apartamento, que vai alugar um carro e buscá-la na próxima segunda-feira. *Estou voltando para casa, craqueiro. É bom que você esteja sóbrio.*

Não conto a Polly nem a mais ninguém, tampouco a Jack, sobre a recaída. Mantenho isso em segredo, como costumava fazer com Noah. Acho que estou fazendo isso por ela e não por mim. Acho que é algum tipo de sacrifício para que ela não ache que ficar sóbrio é impossível. Não quero que ela pense o que estou começando a suspeitar: que nada do que funciona para Jack, Asa, Luke e Annie vai funcionar para mim. Sou como Lotto, sem a riqueza, sem as intermináveis redes de segurança de centro de reabilitação após centro de reabilitação. Sou como Sam e como imagino que Lotto seria se não tivesse ido para a Califórnia: um caso perdido.

Deu pra mim

Primeira segunda-feira de junho. As duas semanas de Polly no centro de reabilitação acabam e Heather a traz de volta para a cidade a tempo da reunião das duas da tarde. Ela chega logo antes do início e senta à minha frente. Parece mais jovem, mais animada. Estou tão acostumado a ver Polly de pijama ou de moletom e camiseta suja que é chocante vê-la de jeans e blusa limpa, com o cabelo lavado e a pele clara. No intervalo, quando ela ergue a mão e anuncia que tem dezessete dias, o lugar vai à loucura. Mais tarde, quando ela conta sobre o tempo em que esteve afastada, Pam e outros soluçam e suspiram, numa manifestação do que só pode ser descrito como júbilo.

Depois, na área dos cães, Polly me conta que Heather prometeu maneirar e que, se for usar drogas, não o fará no apartamento. Polly parece esperançosa, mas tenho certeza de que Heather vai quebrar a promessa. E logo. Agora que Polly soma alguns dias limpa, olho pelo lado positivo e acho que talvez nós dois finalmente estejamos fora de perigo. Não contei a ela da minha recaída e não pretendo fazer isso.

Retomamos nossa agenda do meio-dia e meia, das duas da tarde e da área dos cães. Jack insistiu que eu prestasse serviço numa reunião, então faço café e arrumo as cadeiras nas noites de quarta-feira na Meeting House. Há um outro cara que divide essa tarefa comigo — um sujeito gentil de quarenta e poucos anos e com uma história muito diferente da minha. A dele me faz lembrar a de meu pai — anos de bebida e um estreitamento lento e constante da vida até que a solidão causa uma agonia suficiente para levar a uma mudança. Com meu pai, isso só aconteceu por volta dos sessenta e tantos anos, quando ele morava sozinho em uma pequena casa em New Hampshire, com dois divórcios nas costas, filhos que não falavam com ele e amigos e irmãos que aos poucos foram desaparecendo. O desconcertante para mim foi que meu pai não parou de beber, apenas trocou o uísque pela cerveja, mas ainda assim passou pelo tipo de mudança que vejo ocorrer com pessoas que largam a bebida. Tudo começou, pelo que deduzi, com um jovem casal que morava perto dele. Papai conheceu o marido porque ele também tinha um pequeno avião numa pista de pouso da região. Uma coisa leva a outra, e o casal convida meu pai para jantar. Algum tempo depois desse jantar, a mulher recebe o diagnóstico de que está com um câncer grave e que tem menos de um ano de vida. Eles descobrem tratamentos experimentais em Boston e, de repente, a vida deles se transforma em um caos. Não sei se meu pai se ofereceu ou se o casal pediu, mas ele começa a cuidar do cachorro deles — um poodle, quem diria — enquanto eles estão fora. Apega-se muito ao cão, que passa a ficar cada vez mais em sua casa. À medida que vai enfraquecendo em decorrência do tratamento, a mulher não consegue mais ir dirigindo a Boston para as consultas frequentes com seu médico. Como o marido é piloto da linha aérea comercial, como meu pai havia sido, muitas vezes não está disponível para levá-la. Meu pai entra em cena e passa a dirigir o carro para ela. Isso se prolonga por anos até que, por fim, a mulher morre. Lembro de meu pai mencionar o casal e a situação trágica deles numa das primeiras conversas que temos quando volto de White Plains para Nova York. Naquela época, a morte da mulher estava próxima. Lembro de ter ficado perplexo e com ciúme do cuidado instintivo que ele teve com aqueles estranhos, ainda mais considerando que, até então, ele teve muito pouco a ver com a minha vida ou com a de qualquer um dos meus três irmãos. Meu pai e eu nos falamos duas ou três vezes por semana na primavera e no verão, e todas as vezes ele menciona essas pessoas ou o poodle, de quem ele acabou se tornando dono. Antes disso, as conversas com meu pai consistiam em ouvi-lo reclamar do presidente (não importa qual), do Congresso, da indústria da saúde, ou então ele falava de um de seus velhos temas favoritos, os Kennedy. Agora, porém, a maioria dos bodes expiatórios desapareceu. Nem todos, mas a maioria. No lugar deles estão relatos detalhados do declínio da mulher, do sofrimento de seu marido e da tentativa mais recente de reverter o que parece ser irreversível. E perguntas. Sobre os meus dias, como eu os ocupo e os desdobramentos recentes com Polly, Asa e Jack, pessoas que lhe descrevi com detalhes, as primeiras desde a escola primária sobre as quais lhe falei ou mesmo mencionei. Durante esse período, ele também se envolve cada vez mais com meus irmãos mais novos, que estão chegando aos trinta anos com altos e baixos. Ele insiste que tenham seguro, advogados para problemas legais, dinheiro para aulas noturnas. E meus sobrinhos, seus netos? Ele comparece a todos os aniversários, no Maine. Vai com seu pequeno avião a recitais e até a eventos esportivos. Isso não acontece da noite para o dia, mas de telefonema em telefonema, de ação em ação, ele se torna parte de nossa vida, um membro da família — o pai, o avô e o amigo que nunca foi. Que ele ainda beba, embora muito menos do que antes, não é da minha conta (frase de Jack, não minha).

A tarefa de preparar a reunião nas quartas-feiras não demora mais que vinte minutos, mesmo assim falo disso em todas as conversas, em cada descrição da minha rotina, em cada discussão sobre ficar sóbrio. Sem dúvida, as pessoas que discursam na ONU ou realizam cirurgias cardíacas falam menos sobre o que fazem do que eu sobre aqueles vinte minutos de acender as luzes, fazer café e arrumar cadeiras uma vez por semana. Depois do tênis matinal com Elliot ou em um jantar com Jean no Basta Pasta, falo sem parar. Chego até a falar sobre compromissos que ainda não tenho. Jack diz que após os noventa dias preciso presidir uma reunião. Há dez reuniões diferentes por semana na biblioteca — reuniões com palestras, reuniões temáticas, reuniões de meditação etc. — e me pergunto, preocupado, com qual delas vou ficar e se terei confiança suficiente para me sentar na frente do grupo e dirigir. Sempre que tento conversar com Jack sobre essas coisas, ele corta a conversa com um *preocupe-se com uma coisa de cada vez; chegue aos noventa dias e depois falaremos sobre isso*. Assim, até então, é sobretudo com Jean e Elliot e, surpreendentemente, com meu pai que posso falar sobre essas coisas. E, claro, com Polly.

Poucos dias depois do regresso de Polly, Heather começa a se drogar de novo no apartamento. E mais gente do que antes parece estar se drogando com ela lá. Polly conta o que está acontecendo em reuniões e conversas comigo na área dos cães, mas ainda não pensa em se mudar. Não só acha que não tem condições financeiras de sair de lá, como também teme que, se o fizer, Heather tomará uma overdose, acidental ou não. Nos últimos dias, quando o assunto da mudança veio à tona, Heather ameaçou se matar se Polly fosse embora. É uma atitude estranha, pois há menos de um mês Heather exigiu que Polly saísse de lá, mas, como Annie me lembra numa tarde enquanto tomamos café, Heather está perdendo sua companheira de drogas. Polly está ficando sóbria e Heather não, e Heather está brava. É fácil esquecer que elas são gêmeas. Heather é mais encorpada, enquanto Polly é magérrima. Heather tem uma energia contida e raivosa que dá a impressão de estar prestes a te atacar a qualquer momento. Polly passa a imagem de alguém mais capaz de machucar a si mesma do que a outra pessoa ou coisa. Polly tem adesivos do Greenpeace e da Peta em sua mochila. Heather, uma caveira tatuada na nuca. Sei bem como é difícil ficar sóbrio sozinho, mas morar com uma companheira de drogas — que ainda por cima é sua irmã gêmea —, com traficantes e viciados entrando e saindo do apartamento, é inimaginável. Polly talvez tenha se referido a isso, mas só agora começo a perceber como é difícil o que ela está tentando fazer. *Essa Heather é uma contracorrente forte*, diz Annie. *Ainda bem que Polly foi campeã de natação na faculdade.*

Polly continua falando sobre Heather, continua a comparecer às reuniões e a passear cães na vizinhança para cobrir sua parte do aluguel. O fim de maio se aproxima, o que me faz pensar que estes foram os dois meses mais longos da minha vida. Não porque tenham sido os mais difíceis, mas porque parece que muitas coisas aconteceram, muitas pessoas novas entraram na minha vida e outras tantas se afastaram. Estou esperançoso, mas também cansado. Não contava com as recaídas quando voltei de White Plains para a cidade. Não contava com os custos altos dessas recaídas. O dinheiro está curto. Com a última recaída e a grana necessária para pagar um dos advogados que cuidam do meu acordo com Kate, acabei com o que tinha reservado para o aluguel de junho. Estou tentando vender a única fotografia de Eggleston que vale alguma coisa de um portfólio que possuo, mas até agora não dei sorte. Uma marchande respeitada amiga de Dave está se esforçando — como um favor a ele — para vender pelo menos uma, mas ninguém se interessou. O lado positivo é que chega um envelope com um cartão de crédito pré-aprovado e, só de brincadeira, mando de volta os documentos assinados; algumas semanas depois, recebo um cartão com uma linha de crédito de dezessete mil dólares. Com um empréstimo em dinheiro que obtenho com esse cartão, pago o aluguel de junho. São necessárias várias visitas ao caixa eletrônico para sacar tanto dinheiro com o cartão de crédito, e quando finalmente tenho dois mil e quinhentos dólares, deposito na minha conta-corrente e entrego um cheque ao proprietário. *Mais um mês abrigado*, penso, quando ponho o envelope na caixa de correio, e estou realmente satisfeito por fazer isso.

Durante, entre e depois das reuniões, ainda penso em ficar doidão, ainda tenho fissuras. Dou meus telefonemas, falo sobre isso na biblioteca, mas ainda me sinto uma presa fácil. Menos de duas semanas depois da minha última recaída, escorrego novamente. É como todas as outras vezes. A lembrança do barato, uma fissura súbita, o mundo se resumindo a um único desejo. Não consigo lembrar muito sobre esse dia, os eventos ou pensamentos anteriores ao telefonema para Happy. Lembro-me de me drogar sozinho e depois acompanhado. Alguém que não conheço se materializa, do jeito que essas pessoas, essas pessoas exatamente como eu, sempre aparecem. A droga acaba. São nove da manhã. Ele diz que tem uma conexão *uptown*. Dou-lhe duzentos dólares, ele sai e não volta mais. É um dia longo e sombrio; raspo os cachimbos e filtros que tenho, fumo até eles parecerem carvão e, por fim, desisto. Ainda há algumas cervejas na geladeira. Entorno uma, tomo alguns Tylenol PM, deito na cama e espero Happy ou Rico ligar o telefone. Não tenho dúvida de que vou telefonar para obter mais. Posso conseguir algumas centenas de dólares pelo cartão de crédito de onde tirei o dinheiro do aluguel. É meio de tarde, o sol pulsa do outro lado das persianas abaixadas. O velho lençol pregado na parede acima da porta da varanda balança com o jorro de ar que sai do ar-condicionado.

Espero, durmo um pouco, acordo às sete ou oito da noite e, embora saiba que os traficantes já estão abertos para negócios, não telefono. Mais tarde, penso. Estou exausto. Nas reuniões ouço uma frase o tempo todo — *doente e cansado de estar doente e cansado* —, e não poderia haver definição melhor para como me sinto. Vou até a varanda, olho para a rua 15 lá embaixo e, de novo, penso em saltar. *Por que sempre quero morrer?*, penso com impaciência. Sempre quis, tanto quanto posso me lembrar, e nunca tanto como quando estou saindo do barato, aproximando-me das consequências desastrosas que me aguardam. É tão previsível, tão egoísta, tão fraco. Volto para dentro e bebo a última cerveja — uma Amstel Light, ainda por cima. Não parece um fim, mas será. Talvez não *o* fim, mas *um* fim.

Durmo a noite toda sem acordar e começo o dia como tenho feito quase sempre desde abril. Vou à academia, chego cedo para a reunião do meio-dia e meia, ergo a mão e conto um dia pela última vez. Não me lembro de quem está lá naquele dia, mas lembro de ficar para a reunião das duas e, depois, de ir à área dos cães com Polly. Os cães correm em círculos, sobem uns nos outros, latem. Os caras de moletom fazem seus telefonemas e nós nos sentamos no meio de tudo isso, eu com um dia e ela com mais de três semanas. *Olha quem está no topo agora, craqueiro*, ela provoca, e eu dou uma risada, como se fosse a primeira vez.

Mais tarde no verão, um mês depois de Polly ter voltado da reabilitação, a biblioteca não abre por um dia. É segunda-feira e a razão do fechamento é um feriado ou algum tipo de reforma. Polly e eu combinamos de nos encontrar no Dean & DeLuca ao meio-dia para tomar café e depois irmos a uma reunião à uma hora, mais para o leste. Vindo pela University, vejo Polly sentada em um banquinho junto à janela. Antes de chegar à porta, percebo algo errado. Sua postura desleixada, o cabelo caído no rosto, e o sinal mais infalível de todos: o pijama. *Filha da puta*, digo ou penso, e corro para dentro. *Grandessíssima filha da puta!*, grito quando chego mais perto e confirmo que ela está um lixo, que andou se drogando. *Está de brincadeira comigo?*, pergunto quando me aproximo dela. Quando Polly tem uma recaída, costumo reagir da mesma forma que ela normalmente reage comigo — com desapontamento, medo até, mas sempre com compaixão, e sempre com um plano de ir depressa a uma reunião.

Desta vez, estou furioso. E fico ainda mais furioso quando a ouço dizer *Estou desistindo. A sobriedade não é para mim. Tive uma longa conversa com Heather hoje de manhã e é o que decidi*. Não acredito no que estou ouvindo. *HEATHER?!?!?*, berro. *Você está brincando? Agora você está recebendo conselhos de Heather?* Ela apenas me olha. Não é uma conversa. Ela mal está na minha frente agora. Já voltou ao apartamento. Claro que sua aparência é horrível, claro que não dormiu a noite toda. Mas o que ela está dizendo não faz parte do roteiro. Ela devia dar a volta por cima, ir a uma reunião comigo imediatamente e anunciar que está limpa há um dia. *Deu pra mim*, ela diz, mais conformada do que desafiadora. *Desculpe, mas já deu pra mim.* Não sei o que dizer. Estamos sentados junto à janela, olhando um para o outro, e duas coisas passam pela minha cabeça: (1) sinto inveja, porque quando formos embora ela vai voltar para um apartamento a poucos quarteirões dali cheio de drogas e (2) tenho certeza de que ela vai morrer. Não um dia desses, nem mesmo em breve, mas agora, hoje, logo depois de nos separarmos. Sei que ela vai morrer e sei que não posso fazer nada. Ela não é tão forte quanto Heather, não é tão resistente, não pode se drogar como a irmã. Chamo a polícia para invadir o apartamento de Heather? É melhor ela estar na cadeia do que morta? E se Noah tivesse feito isso comigo? Eu estaria preso agora. Mas será que estou muito melhor agora? Se tivesse ido para a prisão, provavelmente já teria muito mais do que poucas semanas de sobriedade agora. Então ali mesmo, antes de pronunciar outra palavra, eu rezo. Jack sempre me diz para rezar, e quando rejeito a ideia ele costuma dizer: *Seja lá o que você esteja fazendo, não está funcionando, então não faz mal tentar.* Então agora rezo por Polly. Para quem ou para o quê, não sei, mas para alguma coisa: *Diga-me o que dizer. Diga-me o que dizer para que ela não morra. Por favor.* Mas as palavras não vêm e eu, por fim, digo o que minha amiga Lili me disse meses atrás, depois de me encontrar completamente drogado no Número Um: *Se você quer morrer, morra. Se quiser viver, me ligue. Mas até lá, me deixe fora disso.* E assim que digo essas palavras, Polly se levanta, sai pela porta e volta para a rua. Ela se foi. Sem mais nem menos.

Vou à reunião no East Village, e a única pessoa que conheço é Pam. Ergo a mão, anuncio minha contagem de dias e me pergunto se Polly não está certa. Depois da reunião, conto a Pam o que aconteceu e ela apenas balança a cabeça, do seu jeito cordial e materno, e diz: *Às vezes você tem que deixá-los ir, para que possam voltar. Nesse meio-tempo, resta rezar para que não morram.*

Após a reunião no East Village, vou para casa, durmo e, no dia seguinte, não aguento ir à reunião do meio-dia e meia. *Mas e se Polly estiver lá?*, penso, e saio correndo para chegar à biblioteca a tempo. Polly não está lá. Fico para a reunião das duas e Polly não aparece. Também não aparece na Meeting House. Nas semanas seguintes, vou a todas as reuniões, na esperança de que ela apareça. Eu a vejo uma vez, na rua. Está subindo a Quinta Avenida, passeando com Essie e fumando um cigarro. Está com seu moletom, toda ângulos e ossos salientes, movendo-se a passo de lesma. Parece a namorada do Ceifador. Cruzamos um com o outro na calçada e, quando falo oi, ela ergue a mão e faz sinal para eu ir embora. Sigo em frente.

Asa me diz para recuar e deixar que Polly chegue ao fundo do poço. Jack, Annie e Luke dizem o mesmo. Mas e se o fundo for a morte? E se eu puder fazer alguma coisa para evitar que ela morra? A certa altura, Asa recomenda que eu vá a uma reunião da Al-Anon. *Eu faço as pessoas irem a essas reuniões*, brinco. *Eu mesmo não vou.* Asa balança a cabeça.

A vida continua, um dia se transforma em dias e, depois, em semanas. Certa noite, após o jantar na Sexta Avenida, me despeço de Cy, olho na direção da Houston e me pergunto o que Mark estará fazendo. Entro na zona de perigo, chego à esquina da Sexta com a Houston e vejo as luzes do apartamento dele acesas. Sombras passam diante da janela e meu coração dispara enquanto imagino o que está rolando lá dentro. Como se eu precisasse imaginar. É sempre a mesma coisa. Cruzo a Sexta Avenida, atravesso para o lado sul da Houston e caminho em direção ao prédio. *Foda-se*, penso, como sempre faço nessas horas, e sigo em direção à porta. Mas antes de tocar a campainha, penso em Polly. E se ela me ligar quando eu estiver lá dentro? E se ela ouvir que tive outra recaída? E se eu não for à reunião de amanhã, ficar acordado por alguns dias e não estiver lá quando ela voltar? E se o fato de eu me drogar der a ela mais uma desculpa para continuar se drogando? É narcisismo, me dou conta enquanto penso, mas não posso evitar me perguntar: *E se o fato de eu me drogar resultar na morte de Polly?* De repente essa lógica é tão plausível, tão forte e tão provável que me faz parar. Ela me detém a menos de três metros da campainha que apertei incontáveis vezes durante muitos anos e com as mesmas consequências sombrias. Nunca estive assim tão perto e deixei de entrar.

Dou meia-volta e começo a caminhar para o norte da Sexta Avenida, para longe do apartamento de Mark, onde nunca mais pus os pés. Telefono para Jack e deixo uma mensagem. Digo que entrei na zona de perigo e saí limpo.

No decorrer das semanas seguintes, a ideia de ligar para Happy ou Rico ou ir ao apartamento de Mark me ocorre uma dezena de vezes, como sempre. A ideia faísca e com ela surge uma fissura de me drogar e, depois, os planos para dar um jeito de conseguir. Em cada uma dessas vezes, penso em Polly ou em Lotto ou em alguém das salas que está contando os dias e a quem dei meu número, e em cada uma dessas vezes paro por tempo suficiente para telefonar para Jack, Asa ou Annie, e, quando o faço, a vontade passa. Então, milagrosamente, a fissura desaparece. Os pensamentos ainda vêm — acho que sempre virão —, mas a fissura não aparece em seguida. O desejo de usar drogas ou beber desaparece tão furtivamente quanto costumava chegar. Nem percebo que está indo embora, apenas que já foi.

Nuvem cor-de-rosa

É o Quatro de Julho e Elliot e eu vamos dar um passeio na Bear Mountain. Caminhamos por algumas horas e chegamos a um cume com vista para Manhattan. *Parece Oz*, Elliot diz quando a crista de edifícios aparece, flutuando no horizonte como uma coroa. Lembro de pensar a mesma coisa no carro de Dave há três meses, quando vinha de White Plains. Aquela viagem de carro parece estar agora a uma vida inteira de distância.

Elliot e eu voltamos à cidade quando já está escurecendo. O ascensorista, o mais velho dos dois irmãos, está sorrindo quando entramos no saguão e perguntamos por quê. *O telhado está aberto!*, ele diz, entusiasmado, como se devêssemos saber por que isso é um motivo de comemoração. *Para os fogos de artifício!* Claro, os fogos de artifício, o Quatro de Julho. Subimos até o vigésimo andar e corremos para o telhado. O edifício é o último prédio alto da Sétima Avenida antes dos hectares de mansões e prédios baixos do West Village que se espalham ao sul da rua 14, portanto a vista do telhado é de tirar o fôlego. Vemos as longas margens fluviais iluminadas de Nova Jersey, os prédios amontoados que compõem o que resta do distrito financeiro, a torre do MetLife ao norte do Flatiron e o mais alto de todos, o Empire State Building, celebrando com luzes vermelhas, brancas e azuis. A cidade nunca pareceu tão festiva, tão possível. Fogos de artifício começam a explodir acima e abaixo do rio Hudson, ao sul do Battery Park e por toda a cidade além do East River. Nunca vi tantos fogos de artifício juntos, e ficamos atordoados. Nós nos beijamos. Não pela primeira vez desde nosso caso de vários anos atrás e não pela primeira vez naquele dia, mas de uma forma que deixava claro que algo estava começando, ou que já havia começado e agora estava sendo admitido. É um dos maiores beijos da minha vida. Jack me advertiu contra envolvimentos românticos antes de completar os noventa dias, mas é uma orientação que não sigo. A preocupação é que se houver mágoa ou transtorno romântico nos noventa dias, poderá haver uma recaída. Talvez porque meu coração já estivesse partido e Elliot tenha surgido como um amigo e acabou se tornando algo mais, era diferente. Não sei. Eu não recomendaria isso a ninguém, mas também não me arrependo.

Dois dias depois do Quatro de Julho, marco um encontro com Asa no Mary Ann's, um restaurante mexicano no Chelsea. Curiosamente, é o restaurante ao qual minha namorada Marie me levou em nossa primeira viagem juntos a Nova York, no verão depois que me formei na faculdade. Quando vou ao banheiro, me olho no espelho que pode muito bem ser o mesmo espelho em que me olhei há tanto tempo. Eu tinha vinte e um anos na época e tenho trinta e quatro agora; desempregado na época, desempregado agora, penso, e em seguida digo alto para o meu reflexo: *Nada mudou*. Olho mais de perto e vejo o avanço das rugas ao redor dos olhos e ao longo da testa e mais-do-que-um-pouco de cabelos grisalhos acima. Algumas coisas mudaram sim, penso, e depois penso isso de novo quando volto para o salão e vejo dois copos de água sobre a mesa.

Convidei Asa para jantar a fim de lhe contar sobre Elliot. Estou nervoso porque sei que ele nutre sentimentos por mim. Sei disso porque ele me contou há algumas semanas — depois de um encontro no meu apartamento — antes de me beijar. Retribuí o beijo, e por algum tempo nos beijamos. Foi um erro, eu sabia, mas foi bom, e como todos os outros erros que me faziam sentir bem, eu não tinha poder para impedi-lo antes que o estrago estivesse feito. Asa se tornara meu bote salva-vidas e eu me agarrara a ele com muita força. Ligava para ele o tempo todo, seguia-o de reunião em reunião, falava sem parar e só agora tinha começado a ouvir. Depois do beijo, eu disse que não tinha e nunca teria sentimentos amorosos por ele e que lamentava muito se o levara a acreditar no contrário. *E vamos encarar*, enfatizei, tentando deixar o clima mais leve, mas também lembrando-o do óbvio, *não sou um bom partido. Entre outras coisas, estou sóbrio há menos de três semanas e não consigo evitar recaídas.*

O que eu disse não teve importância. Nossa relação nunca mais foi a mesma. Àquela altura, Luke, Polly, Annie e algumas outras pessoas das reuniões haviam entrado na minha vida. Durante semanas, Jack, talvez esperando por isso, me incentivara a conviver e a telefonar para outras pessoas que não Asa. *Distribua a carência*, disse. *Há bastante gente à sua volta.* E eu fiz isso.

Depois que a comida chega, conto a Asa sobre Elliot. O passeio do Quatro de Julho, os fogos de artifício no telhado, o beijo, a coisa toda. *Então você está saindo com ele? Ele é seu namorado? É para falar disso que estamos aqui?*, ele pergunta, apontando para os burritos, os nachos, o restaurante. Quando digo que sim, Asa empurra a cadeira para trás, cruza o salão e sai do restaurante. Vou atrás, mas ele faz um gesto para eu me afastar, balança a cabeça e desaparece pela rua 16. A essa altura, já perdi muita gente — clientes, amigos, colegas, Noah —, mas ver Asa fugindo de mim pela rua é uma das perdas mais difíceis. Nunca tive — e ainda não tenho — nada que se comparasse a ele. Como você agradece a alguém por salvar sua vida? Como você se desculpa por precisar muito dele? Por não ser forte quando isso era importante? Se eu tivesse palavras para isso, as teria dito. Mas naquela noite tenho apenas seu nome, que grito inutilmente enquanto ele se apressa pela rua 16, o cabelo ruivo e a pele pálida desaparecendo na escuridão, como na noite em que nos conhecemos.

Não muito tempo depois, recebo um telefonema da marchande de Dave. Há uma oferta pela fotografia de Eggleston que ela está tentando vender para mim, e é pela quantia que ela havia pedido. Melhor ainda, ela acha que tem um comprador para outras duas, e, embora elas valham um pouco menos, a perspectiva dessa outra venda é como ganhar na loteria. Com menos de mil dólares na conta bancária e dezenas de milhares de dólares de dívidas em cartões de crédito, o telefonema dela não poderia ter vindo em hora melhor. Ela acaba vendendo as três fotografias e, com o dinheiro, consigo ficar no apartamento da rua 15.

Annie e eu vamos a Coney Island. Nenhum de nós esteve lá antes, e é o dia da Parada Anual das Sereias. Tomamos o sorvete mais cremoso e delicioso que se possa imaginar e ficamos assistindo a caras travestidos e garotas parecidas com rapazes travestidos se pavoneando e rebolando em cima e ao lado de carros alegóricos feitos de tudo, desde macarrão até marshmallows. Na volta, nos sentamos ao lado de uma mulher que muda de lugar, toda dramática e soltando grandes suspiros, indo para o fundo do vagão do metrô. Quando ela não está olhando, Annie imita seus gestos, e esse pequeno improviso é a coisa mais engraçada que já vi. Rimos tão alto que a mulher deixa o vagão na estação seguinte e gargalhamos durante todo o trajeto de volta para a cidade. Mais tarde, à noite, me dou conta de que há semanas não penso em beber nem em usar drogas. Abro o diário que mantenho desde White Plains e escrevo: *Coney Island com Annie hoje. Nenhuma fissura há semanas. Como isso aconteceu?*

Antes do final do verão, quase dois meses depois daquele dia terrível no Dean & DeLuca, Polly me telefona. É de manhã e ainda não fui para a academia. No início, acho que estou imaginando seu nome na tela do meu celular — fiz isso tantas vezes. Atendo. Ela me pede que a encontre na área dos cães e digo que estou saindo imediatamente. Corro pela rua 15, passo a Sexta Avenida, passo a Quinta, a caminho da Union Square. Consigo ligar para Jack enquanto sopro e bufo em direção à área dos cães e deixo uma mensagem entusiasmada. E, como na última vez em que vi Polly e em algumas outras vezes desde então, rezo. Para as forças, quaisquer que sejam elas, que me mantiveram sóbrio durante todo esse tempo, rezo para encontrar as palavras certas. *DIGAM-ME O QUE DEVO FALAR PARA ELA!*, grito enquanto corro. *Por favor.*

Chego à área dos cães e Polly está sentada no nosso banco habitual. Essie bamboleia por ali. Não preciso de palavras, porque ela tem as que importam. *Preciso de ajuda*, diz, sem parecer particularmente de ressaca ou drogada, apenas cansada. *Você me levaria a uma reunião?*, pergunta. *Você está brincando?*, respondo. *Venho esperando por isso minha vida toda.* E, embora sejam palavras indolentes e ditas de brincadeira, ao pronunciá-las sei que são verdadeiras. Percebo nesse instante que tudo o que aconteceu — cada segundo afortunado, solitário, destrutivo, delirante, egoísta, miserável, insano e desesperado desses últimos tempos — tornou possível este momento no banco com Polly. Estou sóbrio o suficiente para aparecer e viciado o suficiente para que ela me peça. Sou alguém da espécie dela e ela é alguém da minha, e não há ninguém no mundo capaz de nos ajudar exceto um ao outro. Conto-lhe sobre a noite na esquina da Houston com a Sexta Avenida, em frente ao apartamento de Mark, de como recuei e de como ela foi a razão disso. *Que nada, craqueiro, seria preciso muito mais do que eu para afastá-lo do cachimbo.* Rimos, da maneira como os viciados riem da agonia de seu vício, da única maneira que torna isso suportável: um com o outro.

Pouco depois daquela manhã, Polly e eu colocamos todos os seus pertences em um caminhão dirigido por um cara bonitinho e malvestido das reuniões, alguém que Polly e eu não conhecemos. Polly conta em uma reunião que vai se mudar e que precisa de um caminhão, e esse cara se materializa e oferece não só seu caminhão e suas habilidades de motorista, mas também mãos e costas. Eu e ele passamos horas enfiando caixas, cadeiras e estantes no pequeno apartamento de um quarto em Astoria que Polly encontra na Craigslist.

Heather aparece quando estamos fazendo a mudança de Polly e, sem uma palavra, entra e sai do apartamento, anda ao redor do caminhão e ao nosso lado enquanto transportamos sacos e móveis pelo corredor e até a rua. Temo que ela vá descarregar em mim antes de terminarmos, mas pouco antes de nós três subirmos no caminhão, ela se vira e me diz, sem olhar nos meus olhos: *Obrigada.* Fechada a porta traseira, Polly enfiada no banco da frente entre mim e o motorista bonito, começamos a descer a St. Mark's Place. *Espere!*, Polly grita. *Esqueci uma coisa no apartamento.* Antes de o caminhão parar, ela me cutuca para deixá-la sair. Hesito, com medo de que ela tenha mudado de ideia, e que depois de sair não volte mais. *Deixa disso, só vai levar um minuto*, ela diz, mais melancólica do que impaciente. Eu a deixo sair e a vejo abrir a porta do prédio e desaparecer lá dentro. Uma música desconhecida toca no rádio e o estranho ao meu lado tamborila no volante. Passam-se alguns minutos, e meus olhos estão fechados quando Polly sobe ao meu lado. Está tremendo, os olhos vermelhos de choro, e em suas mãos não há nada trazido do apartamento. *Vai*, ela grasna mais do que fala. *Antes que eu mude de ideia, vai.* E assim fazemos. A mudança de Polly para seu novo apartamento demora quase a tarde toda. Nunca mais vimos o cara bonito e generoso.

Na última noite do verão, no fim da semana do Dia do Trabalho, Elliot e eu jogamos tênis. É uma noite linda — fresca, clara, e o céu está cheio de nuvens parecidas com ondas enormes quebrando na praia. Depois de jogar, subimos a West Side Highway até o píer e caímos na grama. O céu fica cor-de-rosa acima de nós. O ar está frio e as luzes verdes e vermelhas de Nova Jersey piscam do outro lado do rio. À medida que o sol se põe, o rosa escurece contra o fundo das nuvens, e tudo — cidade, rio, as pessoas ao redor — parece encolher contra o céu magnífico. Ficamos em silêncio. Em poucos minutos vai ficar escuro. De manhã, o verão terá terminado. Estou feliz, penso — pela primeira vez na vida, feliz. Estou sóbrio, cercado dia e noite por outras pessoas sóbrias, a ânsia de beber e de me drogar finalmente passou, tenho dinheiro suficiente no banco para pagar o aluguel e enviar cheques minúsculos para as muitas pessoas e lugares a quem devo, e estou com alguém de quem não escondo nada. *Eu gostaria de poder parar o tempo*, digo a Elliot. *Se pudesse, eu o pararia bem agora, debaixo dessa grande nuvem cor-de-rosa.* Trememos em nossas roupas de tênis úmidas e nos aconchegamos um ao outro para nos aquecer. *Eu sei*, Elliot sussurra na noite escura. *Não seria maravilhoso?*

Ombro a ombro

Em setembro, num domingo à noite, ergo a mão em uma reunião e digo que tenho noventa dias. É na Meeting House, e Polly e Jack estão presentes. Luke e Annie também estão lá, junto com algumas outras pessoas da biblioteca. Apesar de eu ter deixado mensagens dizendo quando e onde isso aconteceria e pedindo a ele que por favor viesse, Asa não aparece. À meia-noite daquele dia, quando o Empire State Building apaga suas luzes como sempre faz, é oficialmente um novo dia, e o dia seguinte outro dia, e o dia seguinte mais outro, e assim por diante até um ano, e depois outro, e depois outro, e depois quatro — e agora, quando escrevo isto, cinco anos, oito meses e dois dias. E com a ajuda das salas, das pessoas que as frequentam e do poder que suas palavras, ações e coragem me mostraram — um poder que é, sem dúvida, maior do que eu, maior do que o meu desejo de me drogar, beber e morrer —, amanhã provavelmente será mais um dia.

Antes do final do ano, Jean me convida para uma festa. É um grande jantar, para alguém importante, todos sentados à mesa em seu apartamento. Jean deu muitas festas desde que voltei para Nova York, e a cada uma ela dizia: *Não se preocupe, vai ser um tédio mesmo*; mas dessa vez ela me diz, durante um jantar no Basta Pasta, que quer que eu vá; suas filhas virão e ela gostaria que eu estivesse presente. Claro que eu digo sim. O jantar é em um mês e me preocupo com ele desde o momento em que ela me convida. Todas as minhas saídas com Jean neste ano — teatro, música, cinema — foram somente com ela, e as poucas ceias em seu apartamento ocorreram na cozinha, com Paul, seu chef, cozinhando e conversando atrás do balcão. Não fui a nenhuma festa ou evento social que não fosse uma reunião de pessoas sóbrias das salas ou de alguns poucos amigos muito próximos e solidários. É só quando penso em ir a essa festa na casa de Jean que percebo como durante todos esses meses fiquei protegido e resguardado. As festas de Jean, mesmo em um bom dia, não são para os fracos de coração. E a ideia de ser minha primeira saída, depois de viver escondido em um casulo de sobriedade por meio ano, é absolutamente aterrorizante. Fico imaginando as pessoas me perguntando: *O que você faz?* E quando tento imaginar o que dizer em resposta, não me ocorre nada. *Eu trabalhava com a publicação de livros, e agora...* Nas salas não é incomum as pessoas estarem desempregadas ou de licença para ficar sóbrias, então responder a essa questão no pretérito imperfeito é fácil. Mas imagino que o grupo dessa festa será um pouco menos fluente na língua dos despedaçados.

Na noite da festa, chego tarde, para não ter que passar muito tempo no coquetel antes do jantar. Não pergunto a Jean sobre quem ela pôs ao meu lado na mesa porque não quero preocupá-la. Mas, evidentemente, eu me preocupo. Durante os coquetéis, converso com as filhas de Jean, que são sempre amistosas. Na mesa, sento-me ao lado de uma mulher de meia-idade requintada, vestida com um traje perfeito e um lenço habilmente arranjado no pescoço.

Assim que ela se apresenta, um garçom se aproxima e pergunta se gostaríamos de vinho tinto ou branco. Ela põe sua mão elegante com dedos longos sobre o copo de vinho vazio ao lado de seu prato e diz: *Não vou beber esta noite.* Depois que digo sem pensar *Eu também não,* ela põe a mesma mão no meu ombro e diz: *Imagino que você teve um ano e tanto. Bem-vindo às salas.* Quantas vezes tive certeza de que havia uma conspiração de pessoas complexamente distribuídas ao meu redor, me observando, armando ciladas, me perseguindo? Muitas. Agora, com essa mulher gentil e sóbria sentada ao meu lado na selva de um jantar desafiador, experimento o outro lado dessa paranoia. O oposto de todo aquele medo maluco, o sentimento de que existem forças conspirando a meu favor, colocando pessoas no meu caminho precisamente nos momentos certos para me guiar em qualquer que seja a trilha que eu deva estar. Como um imbecil choramingas, pego a mão dela e digo: *Você não faz ideia de como estou feliz por você estar aqui.* Ela pergunta a que reuniões eu vou, e ela conhece bem a biblioteca. Uma ex-afilhada dela costuma frequentá-la. *Madge,* ela diz. *Já ouviu falar dela?* Acontece que ela era — pedigree dos pedigrees — a primeira madrinha de Madge. Foi um jantar maravilhoso.

No início do verão, Annie e eu começamos a nos encontrar todos os sábados em várias reuniões. Tentamos uma, depois outra, e sempre nos reunimos para um café depois. Ela se "forma" na biblioteca antes de mim. Em setembro, consegue um emprego para ensinar artes cênicas para crianças no Bronx durante a semana. Três anos depois, faz sua apresentação para a faculdade, e finalmente termina o mestrado. Depois que volta ao trabalho, nos encontramos apenas aos sábados. Afora um ou outro musical na Broadway ou jantar no Carnegie Deli, continua sendo assim.

Somente em novembro começo a pensar em trabalhar, e de repente recebo uma oferta inesperada de um emprego numa agência literária. A única coisa que me intrigava, me deixava em pânico, me estressava e da qual eu me queixava desde o dia em que voltei para Nova York — emprego, trabalho, carreira, dinheiro — se resolve sem que eu faça nenhum esforço. *Não falei?*, Jack se regozija no telefone quando eu lhe conto. *Tudo o que você precisava fazer era ser honesto, ficar sóbrio e oferecer ajuda a alguns viciados e alcoólatras pelo caminho. O resto se arranjaria sozinho.* Aceito o emprego, mas faço dois pedidos: começar em março, em vez de imediatamente, e poder sair do escritório todas as tardes para assistir à reunião das duas horas. Eles concordam, e passo os meses restantes até o primeiro dia de trabalho do mesmo modo como venho fazendo desde abril: academia, três reuniões por dia, área dos cães com Polly, Oprah e visitar quantos alcoólatras e viciados em recuperação eu possa encontrar.

Após o jantar no Mary Ann, Asa se afasta. Ainda assim, eu lhe telefono todos os anos no aniversário da minha sobriedade, para lhe agradecer por ter me ajudado e lhe pedir que me ligue para me dizer como está. Nos primeiros anos, ele faz isso e trocamos mensagens por algum tempo, até que paramos e mais um ano passa. Este ano, telefono e ele não responde. Ligo mais algumas vezes, e nada. Desisto e, semanas depois, ouço alguém dizer que soube que ele estava saindo à noite e bebendo novamente. Telefono para ele imediatamente e deixo outra mensagem, mas, de novo, nem um pio. Algumas semanas depois, resolvo ligar do BlackBerry que me deram no trabalho e não do celular cujo número ele já conhece. Tal como eu esperava, ele atende. Não reconheço sua voz. Está diferente — mais rápida, mais firme — e, pelo tom dela, nada feliz em ouvir a minha. Ele não pergunta como estou ou o que está acontecendo na minha vida. Não faz nenhuma pergunta o telefonema inteiro. Conta que está bebendo e usando cocaína só para se divertir e que está mais feliz, mais confiante e fazendo mais sexo do que quando estava sóbrio. Ele me lembra que cocaína e bebida nunca foram os seus problemas, a heroína é que era, e que é capaz de administrá-las. Diz que as reuniões são um culto e exigem que os frequentadores admitam que são imperfeitos, e ele não vê mais nenhuma utilidade nesse tipo de pensamento. Quando por fim consigo falar, peço-lhe que tenha cuidado e, meio sem jeito, lembro a ele que comprar cocaína é ilegal e que não quero vê-lo preso. Ele reage e grita que os médicos e os psiquiatras violam mais leis do que os traficantes e pede que eu não ligue mais se a intenção for repreendê-lo ou tentar convencê-lo a ficar sóbrio ou ir a uma reunião. *Não me ligue*, diz, e sinto como se fosse um soco. *Não me ligue*, diz com uma voz que não é a que eu conhecia — aquela que me convenceu a sair da rua, me persuadiu a lhe entregar a droga, me contou como as salas e as pessoas que as frequentam salvaram sua vida, conversou comigo pelo telefone até eu dormir uma noite depois da minha primeira recaída, me disse para não desistir e me convidou, na noite em que nos conhecemos no restaurante New Venus, a encontrá-lo na biblioteca no dia seguinte.

Estou no saguão de um cinema na esquina da Terceira Avenida com a rua 11 quando Asa desliga. Logo depois, chega Cy. *Você está bem?*, ela pergunta. *Parece que você viu um fantasma.* Demoro alguns segundos para conseguir responder. Ainda não acredito no que acabei de ouvir. *Não tenho certeza*, respondo, *mas acho que sim*. Desde então, não vi mais Asa nem tive notícias dele.

———

Mais tarde, naquele mesmo ano, Heather aparece na biblioteca. Ela ergue a mão e diz que tem um dia. Ela recai, volta e recai novamente. Tem o mesmo dom de sua irmã e quando conta sua história — com simplicidade, força e honestidade — todos ouvem com atenção. Os pais de Polly vêm à cidade e vamos tomar café da manhã na lanchonete da esquina da Sétima Avenida com a rua 15. Heather aparece meia hora atrasada, alta, agressiva, esbravejando contra seu chefe, impostos, gorjetas mesquinhas e, até pagarmos a conta, somente ela fala. Volta às salas, recomeça a contagem dos dias e depois desaparece. Por fim, perde o emprego e, não muito tempo depois, o apartamento de renda controlada na St. Mark's Place. Polly permite que ela se mude para seu apartamento em Astoria e durma no sofá sob uma condição: nada de álcool ou de drogas ali. Na maior parte do tempo, ela obedece.

Há um momento, mais tarde, anos depois — após eu ter concluído, com a ajuda de meu padrinho, uma revisão inflexível do meu comportamento antes de ficar sóbrio —, em que começo a enfrentar as pessoas a quem causei danos e problemas. Algumas eu não via fazia muito tempo — seis, dezoito anos — e outras eu talvez tivesse visto no dia anterior. Sento-me diante de cada uma delas e leio o que passei dias escrevendo — descrevo o dano que causei, ofereço-me para corrigir o erro, se possível, e pergunto se deixei alguma coisa de fora. E a cada vez, quando chega o momento de a pessoa responder, o que elas dizem não é nada do que eu esperava. Sempre vou embora sentindo, nas bordas, gratidão, alívio e compaixão, mas, no centro, sinto o que só posso descrever como amor. Por algum tempo, o mundo vai parecer mais como ele é e menos como eu o imagino, e terei uma nova coragem para enfrentar os destroços do passado. Fui um viciado e alcoólatra ativo por mais de vinte e três anos. A lista de pessoas que prejudiquei é longa, e apenas arranhei a superfície.

Sete meses depois da nossa noite no cais, no Dia do Trabalho, Elliot e eu rompemos. Certa noite fica claro que acabou, e digo isso a ele, depois choro pela primeira vez desde aquela manhã na cozinha de Lotto. Um choro incontrolável, esquisito, e Elliot, como fazia quando estávamos juntos, senta ao meu lado e segura minha mão até que eu consiga me recompor. Não nos vemos por mais de um ano e, depois, devagar, aos poucos, começamos a nos encontrar de novo como amigos, como fazemos agora, em quadras de tênis, com raquetes nas mãos, tendo entre nós uma bola em alta velocidade e uma rede.

Noah e eu voltamos a ficar juntos. Uma coisa que eu tinha desistido de querer volta de repente, e com muita esperança. Mas fica claro desde o início — embora demore um ano para aceitarmos — que, para funcionar, nossa relação precisa que eu seja um viciado e alcoólatra, que a coisa que pensávamos que nos separava durante todos aqueles anos era, na verdade, o que nos mantinha juntos. Sem aquela cola escura, nos desfazemos. Ele me conta mais tarde, depois do rompimento, que havia mais coisas naquela cola escura do que eu sabia. Evidentemente, ele tinha suas próprias batalhas, está claro que lutou contra seus próprios demônios, que nada tinham a ver comigo. Eu estava atolado demais em mim mesmo para ver, investira demais no que eu precisava que ele fosse para reconhecê-lo como ele era. Mas tudo isso vem à tona mais tarde, aos trancos e barrancos, e mesmo assim demora muito tempo para eu acreditar.

Não faz muito tempo, topamos um com o outro no Knickerbocker. Cy e eu vamos até lá depois de ver um filme ali perto. Noah está sentado mais adiante, do outro lado do bar, numa mesa de canto, com seu namorado. Não o vejo há meses, embora tenhamos nos falado, trocado e-mails e, à nossa maneira, mantido contato. De início, ele não nos vê, e por um longo tempo permanece absorto em sua conversa, muito empenhado, muito focado. Quando nos vê, levanta-se depressa para vir até nós. Atravessa o salão — esse mesmo salão que assistiu a muitas de nossas melhores e piores noites — e diminui a marcha antes de chegar à nossa mesa, reconhecendo alguma coisa. Ele para e vira um pouco para o lado, aponta para o bar, o restaurante, a rua e para nós. *Oi, Bill*, diz, com um grande sorriso no rosto, estendendo as mãos como se elas contivessem cada último, horrível e ridículo centímetro e minuto de nossa história compartilhada. *Oi, Noah*, respondo. E finalmente rimos.

Lotto é expulso do centro de reabilitação na Califórnia. Alguma história relacionada com um carro roubado, mas ele evita a detenção e a prisão e acaba — depois de um ano e meio morando na casa dos pais, de recaídas e tendo, por fim, seu suporte financeiro cortado — em um centro de reabilitação na Geórgia. Este funciona. Fica lá por um ano e, durante o próximo, vai morar numa comunidade abstinente da região. Durante todo esse tempo, recebo apenas uma mensagem pondo-me a par de seus altos e baixos. Alguns meses atrás eu o vejo na rua com um homem alto, de aparência dura, um amigo da Geórgia. Ele está sóbrio há dois anos e veio à cidade visitar os pais por alguns dias, antes de voltar. *Meu rabo viciado não pode ficar aqui por muito tempo*, diz com a mesma voz Mulberry-Street-misturada-com-internato. *E quando fica, trago proteção*, ele continua, rindo e apontando com a cabeça para seu amigo musculoso. Ele me conta que as mulheres da Geórgia são sensuais mas preguiçosas, e sobre uma reunião na rua do apartamento para o qual acabou de se mudar. É um clube. *Temos uma TV de tela plana e uma mesa de bilhar, e tem água com gás e Pepsi de merda, mas é legal*. Antes de nos despedirmos, me dá o número de seu celular — é o mesmo que ele tinha há dois anos. *Uma espécie de recorde*, eu digo, e rimos. No momento em que escrevo isto, seu número de telefone continua o mesmo.

Annie se casa. O casamento ocorre menos de uma semana depois de Noah e eu terminarmos, mais de um ano depois que voltei a trabalhar, e a cerimônia e a recepção se realizam em uma colina junto a um lago em Ithaca, Nova York. Vou de carro ao casamento com Rafe, o cara muito bem articulado da biblioteca e que jamais se torna realmente um amigo íntimo, da maneira como Annie e Luke vieram a ser, mas cuja aparência inteligente e cujos *Olá, Bill* se tornaram parte constante e certa de minha recuperação. Ele concorda em ser meu padrinho quando Jack se muda para o norte do estado, onde lecionará numa pequena faculdade. No caminho, quando Rafe e eu paramos para almoçar, minha irmã Kim telefona, perturbada porque meu irmão mais novo provocou outra briga entre bêbados e depois fez uma cena bem feia na casa da minha mãe. Sinto-me impotente. Sei o que dizer e como agir com outros viciados e alcoólatras, como Polly, mas não tenho ideia do que fazer por meu irmão ou de como ajudar minha família. Conto a Rafe sobre meus parentes, a luta de meu irmão, sobre o rompimento com Noah, sobre estar solteiro e pela primeira vez, desde o colégio, sem possibilidades ou envolvimentos românticos — e ele escuta. Digo-lhe como me sinto solitário e mais sozinho do que nunca. Ele me lembra de que sentimentos não são fatos (outra das expressões antigas de Jack que eu não levava a sério, mas à qual agora me apego) e que estou sóbrio, o que significa que posso estar deprimido, mas não perdido; impotente, mas não inútil. *Pare de sentir pena de si mesmo*, ele exclama e, não pela primeira vez, sugere a solução simples e infalível para isso, que quando estou sozinho sempre esqueço: *Ligue para outro viciado com menos tempo de abstinência do que você*. E eu faço isso.

Hospedo-me em um hotel que é também um dos edifícios mais altos de Ithaca. Devido a algum erro na reserva, me deram uma suíte enorme no último andar que parece o quarto mais vazio que já vi. Meu amigo John, que se mudou para a Ásia há alguns anos e com quem perdi contato, liga de Saipan na manhã seguinte e ficamos no telefone por horas antes de eu ir ao casamento. Conto-lhe tudo o que aconteceu nos últimos dois anos — a volta para Nova York após a reabilitação, as recaídas, a biblioteca, os noventa dias, Elliot, o emprego numa agência literária, a volta com Noah e o fim do relacionamento há poucos dias. Enquanto observo através da janela as colinas que se erguem, ombro a ombro, contra um enorme céu azul, conto que tenho trinta e seis anos e que há um ano e dez meses estou sóbrio, por conta própria. Mais tarde, na recepção, rodeado por Rafe, Polly e Annie, em uma mesa repleta de água com gás, Coca Diet e xícaras de café, percebo que nunca estive tão cercado de gente em toda a minha vida.

Asa chega atrasado, quando a música do cortejo está começando, e vai embora cedo. Acenamos um para o outro quando ele está sentando, mas depois que Annie beija seu novo marido e o arroz é jogado, ele desaparece. Depois, procuro por ele na recepção, mas ele se foi antes de eu ter tido a chance de dizer adeus.

Polly e eu caminhamos até o lago e sentamos num dos cais enquanto o sol se põe. Ela está com um vestido verde e seu cabelo solto brilha na luz do fim do dia. Parece mais saudável e bonita do que nunca. Nessa noite, ela completa um ano e quatro meses de sobriedade. Agora já tem pouco mais de cinco anos. *Aqui estamos nós, craqueiro*, ela diz, do jeito que sempre faz. Olhamos para o lago. O vento encrespa a superfície, andorinhas voam e arremetem sobre a água cintilante, as primeiras estrelas pontuam o céu. O desembarcadouro balança, sons de risos faíscam acima da música latejante da festa de casamento, e nenhum de nós emite um único ruído enquanto o sol encontra seu caminho para casa de novo, atrás das montanhas de Ithaca. Sei exatamente o que ela quer dizer. Aqui estamos nós.

Perto

Bebi o melhor gim-tônica do mundo no saguão do Mandarin Oriental Hotel. Meu amigo John diz essas palavras quando estamos sentados no terraço de uma casa que alugamos em uma pequena ilha na Tailândia. É início de janeiro e estamos aqui por um mês para trabalhar, ele em um projeto de livro e um artigo de revista, eu em um livro que estou escrevendo há dois anos e meio — este que você lê agora. Passamos quatro semanas trabalhando de manhã até a noite, parando apenas para as refeições preparadas por duas tímidas mulheres, que chegam de manhã, vão embora à noite e ficam ruborizadas quando elogiamos e lhes agradecemos pela comida deliciosa. Está na hora do jantar. O sol poente e as estrelas se misturam no céu no início da noite, enquanto as mulheres enchem os pratos com legumes ao curry e arroz cozido no vapor. Contei a John que reservei um quarto no Mandarin Oriental, em Bangcoc, na volta para Nova York, e ele joga no ar a lembrança de um gim-tônica que bebeu quando tinha vinte e poucos anos, de maneira tão casual como quem joga um recibo no lixo. Mas eu a pego e guardo. Essa bebida que ele consumiu há décadas está agora sobre a nossa mesa de jantar, entre nós dois, e nada mais prende minha atenção, muito menos os últimos painéis de luz que deslizam pelo mar que ondula lá embaixo, as velas tremeluzentes, a comida maravilhosa. Nada disso existe, exceto a bebida — seu copo de vidro elegante, seu conteúdo mágico e o lendário hotel em que foi consumida. Durante os próximos quatro dias, imagino a transpiração na borda do copo, a vibração do glamour do saguão do hotel, a guarnição de um limão bem verde. Na manhã em que parto para Bangcoc, termino o rascunho do livro, digito as últimas linhas, estas que você acabou de ler. Envio o texto para o meu editor por e-mail e horas depois pego um bote para Phuket, e dali um avião para Bangcoc. John chegará um dia depois e planejamos nos encontrar em um restaurante caro junto ao rio para celebrar nossa última noite na Tailândia.

Quando chego a Bangcoc, chamo um táxi em frente ao terminal de desembarques. O motorista é jovem — vinte e cinco, talvez trinta anos — e depois que lhe digo o nome do hotel para onde vou, ele faz as seguintes perguntas: *Você gosta de garotos? Você gosta de garotas? Você gosta de drogas?* Minha resposta, sem pensar, sem nenhum pensamento de qualquer tipo, tão reflexa quanto uma perna que salta para a frente quando o médico bate no joelho, é *Sim*. Ao chegarmos ao hotel, o motorista rabisca um número em um pedaço de papel e o entrega a mim. *Hoje à noite*, diz. *Você telefona esta noite*. Concordo com a cabeça, pego o papel e o ponho no bolso. O que estou pensando quando saio do táxi com esse número, o primeiro desse tipo que seguro em quase seis anos? Nada. Não estou pensando em nada.

Saguão do Mandarin Oriental. Ele está vibrando, como eu havia imaginado, mas é moderno e familiar, e há americanos por toda parte. Sou conduzido a meu quarto, onde um homem de meia-idade com o uniforme do hotel me mostra o banheiro, as várias tomadas elétricas, o bar, que eu vejo que só tem vodca Smirnoff, e a sacada com vista para o rio. Ele pega meu cartão de crédito e olha meu passaporte. Assino alguma coisa e ele sai. É fim de tarde, o sol parece um pedaço de lava derretida pendurado no céu e o ar em torno dele é nebuloso e laranja. Da sacada, vejo barcos abarrotando o rio e dezenas de hóspedes do hotel caminhando nos terraços abaixo. Bangcoc parece presa em algo mais pesado que o ar, tudo e todos se arrastando preguiçosamente através da atmosfera espessa. Aviões avançam pelo céu tão devagar que parecem prestes a cair de exaustão.

O balde de gelo em cima do bar está cheio. O mordomo telefona para saber se preciso de alguma coisa. Pergunto se eles têm Stolichnaya e ele diz que vai ver. Na cama, meu celular emite um som, indicando que recebeu um e-mail. Não vejo. Ele zumbe de novo, me encosto na mesa e espero a resposta do mordomo. O gelo está transbordando do balde. Nunca vi gelo tão abundante, tão refrescante. Encho um copo. Um copo grosso, baixo, do tipo em que meu pai bebia uísque quando eu era criança. Não há limões, mas num cesto de frutas há uma laranja, da qual tiro uma pequena fatia. Espremo um pouco de suco no gelo e empurro a casca entre o gelo e o vidro. Nada do mordomo. Nada de Stoli. Meu celular apita novamente e eu agarro a garrafa de Smirnoff e despejo a bebida. Aí está. Vodca, não gim. Laranja, não limão. Smirnoff, não Ketel One. Smirnoff, não Stoli. De forma alguma a melhor vodca do mundo. Nem mesmo a segunda melhor. Mas está aqui. E ninguém mais está. Ninguém está olhando. Ninguém está esperando por mim, e faz quase seis anos. Um drinque, apenas um, na sacada do Mandarin Oriental Hotel. Por que isso parece necessário? Por que pareceu inevitável desde o momento em que John pronunciou aquelas palavras há quatro dias? Não sei. Mas é necessário. Assim, pego a bebida, levo o copo aos lábios e engulo um bocado de vodca. Tem gosto de veneno. Frio, fétido, espesso. Será que é porque é Smirnoff? Será que é porque tem laranja e não limão? Uma sacada e não um saguão? Ou é porque não bebo há tantos anos? Agitado, bebo mais. Sirvo-me de uma segunda e de uma terceira dose, e o gosto da vodca não melhora. Não sinto nada mais do que um peso crescendo. Uma lentidão como o ar ao redor. Um entorpecimento. No quarto, sirvo-me de uma quarta dose e volto à sacada. Seis andares. Seguro o pedaço de papel. É cedo demais para ligar. Não é noite ainda. Quantos drinques até que seja noite o suficiente para eu telefonar? Posso ver um mural embaçado do futuro próximo: a corrida de táxi, o caixa eletrônico, o saco de crack ou equivalente, os cachimbos, o isqueiro, a pele, pedir mais, garrafas de vodca, a queda vertiginosa. Não quero isso, mas quero. Mas o querer parece mais a aceitação de um tipo de sentença. Não há como voltar atrás. Comecei uma coisa que será concluída e, enquanto olho seis andares abaixo para o terraço e a viela, sei que isso acabará na morte. Horas atrás, enviei um manuscrito sobre minha recuperação, sobre como é difícil ficar e permanecer sóbrio, e como isso não pode ser feito sozinho. Sozinho, bebo a maior parte da quarta dose. Agora não me dou ao trabalho de pôr laranja. Morrer em Bangcoc. De repente, parece o resultado mais lógico, inevitável. O taxista, o número de telefone, esta sacada, este drinque, a chegada da noite e tudo o que ela implicará — cada peça se encaixando, o caminho pretendido torna-se visível. Está claro agora. O livro está terminado, minha utilidade expirou. Um vento novo e lento move o ar quente através da sacada, e luzes de hotéis e apartamentos piscam do outro lado do rio. Minha morte fará as pessoas se lembrarem de como o vício é algo grave, de como é letal. A morte será útil.

Sinto o pedaço de papel nos dedos. Termino a quarta dose de vodca, que tem um gosto tão ruim quanto a primeira. Meu celular zumbe de novo. Antes de tomar a quinta dose, antes de ligar para aquele número, vou até a cama e olho o telefone para ver quem está me enviando mensagens. *Ei, você está aí? Pode falar? Tudo bem? Podemos conversar?* Quatro mensagens, todas do meu novo afilhado. Aquele que teve uma recaída quando eu estava na Tailândia, aquele que me viu na biblioteca todos os dias durante meses e por isso me pediu para ser seu padrinho. Aquele que, mais do que todos que conheci, me faz lembrar de mim mesmo no começo da sobriedade. A determinação de parecer que está no controle, a recaída implacável, o namoro recorrente com a morte. Ali está ele, pedindo ajuda do outro lado do mundo. E aqui estou eu, prestes a me servir da quinta dose de vodca. Prestes a ligar para o número que está no meu bolso.

Olho de novo suas mensagens. Tão persistente, tão disposto. Finalmente, após meses de reincidência e de evitar seu antigo padrinho, ele está pedindo ajuda. Pedindo ajuda a *mim*. Buscando ajuda para acabar com a agonia em que se debate há anos. Agonia que conheço, agonia da qual me libertei. Fecho o telefone e o deixo na cama de novo. E assim, sem mais nem menos, acabou. Deu pra mim. O que quer que eu tenha iniciado dias antes no terraço com John e me levado a quatro vodcas neste quarto de hotel, acabou. Rasgo o pedaço de papel, pego a chave do quarto e vou até a porta. Atravesso o saguão e saio para a rua. Ligo para o meu irmão. É de manhã no Maine, onde ele mora, e lhe deixo uma mensagem. Conto-lhe uma quase verdade. Digo-lhe que quase comprei, quase bebi, quase me droguei. Caminho até encontrar um sujeito que vende garrafas grandes de água. Compro uma e despejo metade sobre a minha cabeça e bebo o restante em poucos goles longos. Ando pelas vielas de Bangcoc, passo por bares com garotos e garotas à venda, por barracas de frutas e vendedores de camiseta, passo pelas ruas vazias dos centros comerciais agora fechados. Caminho até a beira do colapso e faço um sinal para um *tuk-tuk* — cruzamento de moto com riquixá — e digo ao condutor o nome do hotel. Quando entro no quarto pela segunda vez nesse dia, estou tão longe de querer uma bebida ou droga quanto posso estar.

Na noite seguinte, com fogos de artifício verdes, vermelhos e brancos estourando acima do rio, conto a John todas as partes da história, exceto a da bebida. Expando a quase verdade que deixei na secretária eletrônica de meu irmão. Conto-lhe que li as mensagens do meu afilhado e não bebi, e ao fazer isso sinto aquela velha distância retornar, aquela velha barreira se erguer entre mim e as pessoas que pensam que me conhecem. Ele não suspeita de nada, está à distância de um braço de onde estou sentado, mas palavra por palavra, ele vai se afastando para cada vez mais longe.

Depois que volto a Nova York, conto a mesma história a todos na biblioteca, e a conto de novo, ali, mais duas vezes. A história de como quase comprei droga. A história de como cheguei perto. Tão perto. É a história que conto a meu irmão, meu afilhado, minha família, a Rafe, e a todas as outras pessoas próximas a mim. Conto essa história e, no espaço que ela cria entre mim e os outros, um segundo eu, oculto, retorna. E com ele o medo de ser descoberto. O pequeno fio de quase verdade se junta e se entrelaça com outros fios e, em breve, a linha é uma corda, e com a corda forma-se um laço que esfola e puxa, exatamente como sempre fez. Mas nada de bom pode vir de contar isso, alerto a mim mesmo. Nada de bom mesmo. Não posso preocupar as pessoas que fazem parte da minha vida — minha família, meus clientes, meus amigos, meus colegas. Não posso pôr a ameaça da recaída de volta na mesa, não é justo. Mas sei que não é neles que estou pensando, é em mim. Tenho medo de perder o que tenho — respeito, confiança, sucesso, segurança financeira, amor; medo de não conseguir o que quero — mais de todas essas coisas. De novo, como já aconteceu comigo, o medo brota em cada pensamento, cada ação, cada minuto. Sento na biblioteca e ouço as pessoas — sóbrias há pouco tempo, sóbrias há muito tempo — dizerem que antes viviam com medo e agora não. Elas dizem coisas como *a verdade libertará você* e acho que estão falando diretamente comigo. Meu afilhado, o mesmo cujas mensagens me detiveram em Bangcoc, se recusa a contar os dias nas reuniões. Peço-lhe para vir à biblioteca e erguer a mão, mas ele se recusa. *Irei às reuniões, ele diz, mas não vou contar os dias. Não quero que as pessoas saibam que tive uma recaída. Ninguém tem nada com isso.* Digo-lhe e repito que ele precisa vir limpo às salas, para ser visto e ouvido, para deixar que as pessoas o ajudem. Pronuncio essas palavras e é como se elas viessem da boca e da garganta de outra pessoa e fossem destinadas a mim.

Um amigo, não alguém que luta contra drogas e álcool, está enredado numa situação complicada, um castelo de cartas de enganos e segredos que envolve muitas pessoas e que está desabando sobre ele; uma noite, ele vem desesperado ao meu apartamento. Não parece haver solução e, por algum tempo, sou apanhado pela lógica equivocada que o meteu nessa bagunça. De início, a situação parece ser tão desesperadora quanto ele descreve. Depois fica claro. A verdade é a única resposta, a única chance de avançar em direção a um futuro saudável. Quando digo isso, ele reage como se fosse a última e a menos provável solução. Citando todas as consequências imaginadas — o que será perdido, o que não será ganho —, ele rejeita a ideia, e faço o que posso para convencê-lo de que é o único caminho. *A verdade o libertará*, digo trivialmente, com paixão, e de novo uma voz que é minha e não é minha está falando comigo.

Em fevereiro, vou a Miami para um fim de semana prolongado. É logo depois do término de um relacionamento de quase um ano, e sair de Nova York parece uma boa ideia. É o fim de semana do Oscar e convido os amigos com quem estou para irem ao meu quarto assistir ao programa. Depois que eles saem, começo a limpar, a recolher os pratos sujos, os copos vazios. Noto um copo de vinho branco. Está cheio, intocado e há gotas de transpiração na borda. Pego o copo e bebo um gole. Assim, à toa. Sinto o gole de vinho na minha boca e na garganta, e recuo como se mordido por uma cobra. Cuspo o vinho restante e sento no sofá como se o gole tivesse me acometido, como se eu fosse de alguma forma a vítima. Não quero mais, mas sei que estou em apuros. Saio do quarto, desço a escada até o saguão, passo pela piscina, pelo calçadão e chego à praia. A meio caminho entre o calçadão e o mar, caio de joelhos e de cara na areia. Há seis anos, no centro de reabilitação de White Plains, poucas noites antes de eu voltar para Manhattan, deitei em um campo lamacento, sob um céu chuvoso, e pedi ajuda. Eu estava perdido. Estou perdido agora. Não tenho um plano nem respostas. Sinto-me impotente, tenho medo, e na areia úmida peço ajuda. *Me ajuda. Me ajuda, Deus.* Há quase seis anos, a resposta foi uma faixa mínima de luz num céu repleto de nuvens de chuva. A resposta agora é o rugido do oceano, a música latejante dos salões do hotel e o som de adolescentes gritando em espanhol no calçadão.

Há uma frase que ouvi centenas de vezes na biblioteca e em outras salas. Uma frase que soou alto em meus ouvidos nos meses posteriores a Bangcoc, nos meses posteriores a Miami: *Somos tão doentes quanto nossos segredos.* Senti falta de não estar doente. Por fim, algumas semanas depois, ligo para Annie. Não nos falávamos fazia meses. Uma ou outra mensagem de texto, um recado de voz aqui e ali. Ela atende no primeiro toque e lhe conto tudo. *Certo,* ela diz depois de um breve silêncio. *Certo.* Conversamos por um longo tempo e, à medida que sinto o laço ceder, a corda afrouxa.

No final do telefonema, ela diz: *Fique por perto, querido.* E eu fico. Conto a Luke e depois a John, a Kim e Cy, conto a meu irmão, a meus pais, e conto a Polly, que responderá sem palavras, mas com um abraço bem apertado. Conto ao meu afilhado, que, dois dias depois, aparece na biblioteca, levanta a mão e anuncia sua contagem de dias. Três dias depois, ele faz a mesma coisa e, no fim da reunião, se vê rodeado de gente. Conto a Rafe, que diz, entre outras coisas, exatamente o que Annie havia dito e que Jack, anos atrás, costumava me dizer: *Fique por perto.*

Três meses depois desse gole de vinho em Miami, levanto a mão numa reunião a que raramente vou a Midtown e digo, com a voz trêmula, mas com grande alívio: *Tenho noventa dias.* Dois dias depois, na biblioteca, com Polly sentada a meu lado e apoiando a mão nas minhas costas, ergo a mão e conto a todos na sala o que aconteceu. E agora estou contando a você.

Cinco anos e meio e depois um dia. Para mim, não existem linhas de chegada. Nunca recuperado, apenas em recuperação. Minha sobriedade, aquele estado delicado que pode, por anos, parecer inabalável, depende completamente da minha conexão com outros alcoólatras e viciados, de buscar a ajuda deles e de lhes oferecer a minha. Estive numa ilha por um mês onde não havia salas em que alcoólatras e viciados se reunissem para ficar sóbrios. Se aprendermos na velocidade da dor, a dolorosa lição aqui foi a de que preciso dessas salas, desses viciados e alcoólatras. Preciso deles como de oxigênio. Não importa quão bem, quão sóbrio, quão no controle eu me sinta. Existem muitos programas de recuperação. Pagos, gratuitos, anônimos, não anônimos. Não menciono aquele que frequento porque não quero que esse programa seja responsabilizado por qualquer coisa que eu faça, diga ou escreva. Não quero que nada atravesse o seu caminho para encontrar ajuda.

Alcoólatras e viciados criam obstáculos suficientes para ficar sóbrios e não quero ser eu a acrescentar mais um.

Se você está lutando contra drogas e álcool, vá às salas onde alcoólatras e viciados vão para ficar e permanecerem sóbrios. Essas salas e as pessoas que as frequentam são sua melhor chance. Dê ouvidos a elas, seja honesto com elas. Ajude-as, mesmo que você ache que não tem nada para oferecer. Deixe-se ajudar por elas. Conte com elas, e que elas possam contar com você. E se a única coisa que você pode fazer é aparecer por lá, então apareça. E depois apareça de novo. E quando for a última coisa que você quiser fazer e o último lugar ao qual desejar ir, ainda assim *vá*. Simplesmente vá. Você não tem ideia de quem pode estar ajudando só por estar lá, nem de quem pode ajudá-lo. Ouvi muitos alcoólatras e viciados descreverem uma voz que lhes dizia para se desgarrarem, se separarem, seguirem seu próprio conselho e cortarem a conexão. É a mesma voz que me disse que eu poderia passar um mês em uma ilha, sem reuniões; que me sugeriu que certo drinque seria melhor do que todos os outros — *o melhor* — porque iria acontecer em um hotel; que nada de bom poderia vir de dizer a verdade e que a morte era útil. Na minha experiência, somente uma coisa foi capaz de silenciar essa voz: outros alcoólatras e viciados em recuperação. Suas vozes soaram mais altas do que aquela que mentia, mais altas do que a minha. Eles me guiaram, um dia de cada vez, na direção da honestidade, da utilidade, e salvaram minha vida. Juntos, eles permanecem sóbrios. Juntos, eles acabam com anos de agonia e isolamento. Se você está lutando contra drogas e álcool, eles também podem ajudá-lo. Procure-os agora.

Agradecimentos

Obrigado a Pat Strachan, o olhar mais sábio, pela contínua orientação editorial; a Michael Pietsch e David Young pelo apoio incessante; à equipe dos sonhos na Little, Brown — Michelle Aielli, Amanda Brown e Heather Fain — pela excelência inesgotável; a Raffaella DeAngelis, Tracy Fisher e a equipe de direitos estrangeiros da WME, por serem os melhores; a Robin Robertson e Luiz Schwarcz pelo rigor e cuidado, e pela amizade; a Julia Eisenman, Jill Bialosky, Chris Pomeroy, Jay Knowlton, Joey Arbagey, Adam McLaughlin, Jonathan Galassi e Kelle Groom pelo tempo e observações meticulosas; a Cy O'Neal por roubar, pelos filmes, por mais; a Shaun Dolan por jamais piscar, aconteça o que acontecer; a John Bowe por estar na sala ao lado; a Jean Stein por todas as magníficas mensagens deixadas no celular e por ter fé; a minha família — mamãe, papai, Kim, Brian, Matt, Ben, Lisa, Mark, Lillian e Sean — pelo estímulo, amor e por desafiar a gravidade; a Van Scott por todos os dias; e a Jennifer Rudolph Walsh, grande força, amiga, agente, chefe — por tudo.

Obrigado, sobretudo, a todos os bêbados e viciados que me ajudaram a ficar sóbrio e a todos que ainda fazem isso.

ESTA OBRA FOI COMPOSTA EM MINION PELO ACQUA ESTÚDIO E IMPRESSA PELA RR DONNELLEY EM OFSETE SOBRE PAPEL PÓLEN SOFT DA SUZANO PAPEL E CELULOSE PARA A EDITORA SCHWARCZ EM OUTUBRO DE 2013